الأخبار باللغة العربية الفصحى

The News in Modern Standard Arabic

by Ahmad ElKhodary
with Matthew Aldrich

lingualism

ISBN: 978-1-949650-59-4

Written by Ahmad ElKhodary

Edited by Matthew Aldrich

Translated by Lilia Khachroum

Audio by Ahmad ElKhodary

Photo Credits:

cover art © Can Stock Photo / Krisdog; p. 1 © Can Stock Photo / AlexAnton; p. 8 NASA; p. 15 © Can Stock Photo / Bialasiewicz; p. 22 © Can Stock Photo / ckellyphoto; p. 29 CC BY-SA 3.0 Pixabay / truthseeker08; p. 36 CC BY-SA 3.0 Wikipedia / PepedoCouto; p. 43 © eukonkanto.fi; p. 50 ; p. 57 © Matt Curnock; p. 64 CC BY-SA 3.0 Wikipedia / lienyuan lee; p. 71 © Can Stock Photo / dobled; p. 78 © Google; p. 85 CC BY-SA 3.0; p. 92 CC BY-SA 3.0; p. 99 © Can Stock Photo / petro; p. 106 CC BY-SA 3.0 Pixabay / Emilian Robert Vicol; p. 113 © Can Stock Photo / Razvanjp; p. 120 © Can Stock Photo / fxegs; p. 127 hieroglyphicsinitiative.ubisoft.com; p. 134 CC BY-SA 2.0 Pixabay / jessicadally; p. 141 CC BY-SA 3.0; p. 148 CC BY-ND 2.0 Pixabay / Rockin'Rita; p. 155 © Pizza Home; p. 162 © Can Stock Photo / 4774344sean; p. 169 © Can Stock Photo / LeonidAndronov

website: www.lingualism.com

email: contact@lingualism.com

المحتويات

Table of Contents

Introduction

Modern Standard Arabic (MSA) is first and foremost a written language with one of its primary uses involving mass media–the news. Being able to read the news in Arabic is a goal for most learners of MSA, but you need to be at a rather advanced level in order to comfortably read and understand news articles (or follow news broadcasts on TV or radio).

Unfortunately, nearly all course books for media Arabic use actual articles from published media sources (newspapers), which are, of course, appropriate only for higher-level learners. This puts media Arabic out of reach for learners at lower levels and makes it difficult for them to practice needed skills to advance.

We hope that this book–with its short, simplified news articles, translations, glossaries, and exercises–will help bridge the gap for learners and allow them to enjoy reading and discussing topics in the news and gain confidence and skills to tackle real-world news articles in the near future.

The articles in this book were taken from real news stories in 2020 but were carefully chosen so that the topics would not quickly become dated and would be interesting and relevant for years to come. The units are organized to make them ideal study materials both for independent learners and those studying with a teacher, whether as online private lessons or in a classroom setting.

The materials in this book were originally written in Egyptian Arabic and published as The News in Egyptian Arabic, the goal being to provide practice discussing news topics in the spoken language. We've since received many requests to make an MSA version, as well. For the reasons given above, we agreed that this would be a useful endeavor and set about adapting the materials for MSA. We'd like to thank Lilia Khachroum for translating the mateirals from Egyptian Arabic to MSA and adding diacritics (tashkeel).

We hope you enjoy studying from this book as much as we enjoyed creating it, and we will be waiting for your valuable and constructive feedback.

Happy learning!

Matthew Aldrich and Ahmad ElKhodary

August 13, 2021

How to Use This Book

The book is made up of twenty-five units: a front-page article followed by twenty-four more articles grouped into six categories, as can be seen in the Table of Contents.

The Main Text

Each unit begins with its article laid out in a format mimicking a newspaper. As this version of the text does not contain diacritics (tashkeel), it presents a challenge and is the best place to start and end your study of a unit. Before you move on to the other sections of the unit, try reading the main text to see how much you understand and how well you can read the text aloud without the help of diacritics. Then read along while listening to the audio (see page vi for the link to the free audio files). After you have studied the article in more depth by completing the other sections of the unit, return to the main text and read it again. From time to time, as a review, you should return to previously studied units and read the main texts again.

Key Words

Several important words from the article are listed in the right-hand column. Irregular plurals of nouns and adjectives, as well as the imperfect form of verbs, are shown in parentheses. Each key word is followed by its definition in Arabic to help you work out the meaning of words that are new to you. Listen to the audio track for key words. If you feel the definitions are too challenging for your level, you can ignore them. After you have studied the key words, match them to their English translations that follow. You can easily match definitions for words you already know and then try to deduce the meaning of other key words through a process of elimination and other clues. You can find the answers in the Answer Key at the end of the unit. In the definitions, you may see the following terms:

- اِسْمُ مَفْعولٍ (passive participle)

- المَبْنِيُّ لِلمجْهولِ (passive form [of a verb])

- عَكْسُ (the opposite [of])

The Article

This section presents a version of the article augmented with tools to help you read and understand it better. The article is divided into numbered lines so you can match lines to their translations in the Answer Key. The text contains diacritics. Foreign names (of people, companies, cities, and regions—but not countries) appear **bold** to help you avoid confusion thinking they are Arabic words.

Comprehension and Discussion Questions

Following the article are three comprehension questions. You can find the answers by referring back to the article if needed. Five discussion questions provide ideas for discussion about the topic. If you are studying on your own, you are encouraged to answer them aloud or write your answers. English translations of the questions can be found in the Answer Key.

Expressions and Structures

This multiple-choice exercise helps you notice (and develop skills for noticing) how words work together in context and chunks of useful language. The English translations of four expressions or structures from the article are each followed by four choices in Arabic. One is correct, and three are either grammatically incorrect or do not match the translation. Take your time analyzing and comparing the choices before checking your answers in the Answer Key or searching for the answer in the article.

Answer Key and Translations

The Answer Key provides the answers to the Key Word matching exercise and the Expressions and Structures multiple-choice exercise. You can also find English translations of the article and the comprehension and discussion questions. {Curly brackets} show literal translations, while [square brackets] are necessary in English but are not present in the Arabic.

Notes

At the end of each unit is a lined section for taking notes, recording vocabulary, and/or writing out answers.

Visit the **News in Modern Standard Arabic** hub at **www.lingualism.com/nmsa**, where you can find the **free accompanying audio** to download or stream (at variable playback rates).

الأخبار باللغة العربية الفصحى

مصر أفضل بلد للزيارة في 2020

كانت مصر الدولة الأولى في قائمة الدول التي اقترحت صحيفة الإندبندنت أن يزورها الناس في سنة 2020.

سيكون المتحف المصري الكبير أكبر متحف للآثار في العالم. سيضم المتحف ثلاثين ألف قطعة أثرية جديدة.

وذكرت الإندبندنت أنه كان هناك حوالي 11 مليون سائح في مصر في عام 2018. وتتوقع الصحيفة الإنجليزية أيضا عودة السياحة في مصر بقوة مرة أخرى، خاصة

بعد استئناف الرحلات الجوية إلى شرم الشيخ مرة أخرى، بعد أن كانت توقفت.

كما اختارت ناشيونال جيوغرافيك مدينة أسوان في مصر كواحدة من المدن المقترحة في عام 2020.

بسبب فيروس كورونا، سيفتتح المتحف المصري الكبير في عام 2021. ولكن تم استئناف الطيران في مصر، وبدأ العديد من السياح في القدوم إلى مصر، وخاصة إلى شرم الشيخ والغردقة.

Egypt Is the Number One Country to Visit for 2020

Key Words الكلمات

Study the key words and their definitions.

Translations	Definitions	Key Words
________	مَجْموعَةٌ مِنَ الأَشْياءِ الَّتي لَها عَلاقَةٌ بِبَعْضِها البَعْضِ	قائِمَةٌ (قائِماتٌ ~ قَوائِمُ)
________	أَعْطى رَأْيَهُ	اِقْتَرَحَ (يَقْتَرِحُ)
________	شَخْصٌ زائِرٌ لِبَلَدٍ أَوْ لِمَدينَةٍ	سائِحٌ / سائِحَةٌ (سُيّاحٌ)
________	مَجْموعَةُ صَفَحاتٍ تَحْتَوي عَلى الأَخْبارِ أَساسًا	صَحيفَةٌ (صُحُفٌ)
________	خَمَّنَ فى إِمْكانِيَّةِ حُصولِ شَيْءٍ ما فى المُسْتَقْبَلِ	تَوَقَّعَ (يَتَوَقَّعُ)
________	زِيارَةُ بَلَدٍ أَوْ مَدينَةٍ	سِياحَةٌ

Now match these translations to the key words above. Check your answers in the answer key at the end of the unit.

list • newspaper • to expect

to suggest • tourism • tourist

The Article المَقال

1 مِصْرُ أَفْضَلُ بَلَدٍ لِلزِّيارَةِ في أَلْفَيْنِ وَعِشْرين

2 كانَتْ مِصْرُ الدَّوْلَةَ الأولى في قائِمَةِ الدُّوَلِ الَّتي اقْتَرَحَتْ صَحيفَةُ **الإِنْدِبِنْدَنْتْ** أَنْ يَزورَها النّاسُ في سَنَةِ أَلْفَيْنِ وَعِشْرين.

3 سَيَكونُ المُتْحَفُ المِصْرِيُّ الكَبيرُ أَكْبَرَ مُتْحَفٍ لِلْآثارِ في العالَمِ.

4 سَيَضُمُّ المُتْحَفُ ثَلاثينَ أَلْفَ قِطْعَةٍ أَثَرِيَّةٍ جَديدَةٍ.

5 وَذَكَرَتِ **الإِنْدِبِنْدَنْتْ** أَنَّهُ كانَ هُناكَ حَوالَيْ أَحَدَ عَشَرَ مِلْيونَ سائِحٍ في مِصْرَ في عامِ أَلْفَيْنِ وَثَمانِيَةَ عَشَر.

6 وَتَتَوَقَّعُ الصَّحيفَةُ الإِنْجِليزِيَّةُ أَيْضًا عَوْدَةَ السِّياحَةِ في مِصْرَ بِقُوَّةٍ مَرَّةً أُخْرى، خاصَّةً بَعْدَ اسْتِئْنافِ الرِّحْلاتِ الجَوِّيَّةِ إِلى شَرْمِ الشَّيْخِ مَرَّةً أُخْرى، بَعْدَ أَنْ كانَتْ تَوَقَّفَتْ.

7 كَما اخْتارَتْ **ناشْيونالْ جيوغْرافيك** مَدينَةَ أَسْوانَ في مِصْرَ كَواحِدَةٍ مِنَ المُدُنِ المُقْتَرَحَةِ في عامِ أَلْفَيْنِ وَعِشْرين.

8 بِسَبَبِ فَيْروسِ كورونا، سَيُفْتَتَحُ المُتْحَفُ المِصْرِيُّ الكَبيرُ في عامِ أَلْفَيْنِ وَواحِدٍ وَعِشْرينَ.

9 وَلَكِنْ تَمَّ اسْتِئْنافُ الطَّيَرانِ في مِصْرَ، وَبَدَأَ العَديدُ مِنَ السُّيّاحِ في القُدومِ إِلى مِصْرَ، وَخاصَّةً إِلى شَرْمِ الشَّيْخِ والْغَرْدَقَةِ.

أسئلة الفهم Comprehension Questions

1. هَلِ اقْتَرَحَتِ **الإنْدِبنْدَنْت** أَسْوانَ ضِمْنَ المُدُنِ المُقْتَرَحَةِ لِعامِ أَلْفَيْنِ وَعِشْرِينَ؟
2. مَتى سَيُفْتَتحُ المُتْحَفُ المِصْرِيُّ الكَبيرُ؟
3. هَلِ اسْتُؤْنِفَتِ الرَّحَلاتُ الجَوِّيَّةُ إِلى شَرْمِ الشَّيْخِ، أَمْ لَيْسَ بَعْدُ؟

أسئلة النقاش Discussion Questions

4. ما رَأْيُكَ في هَذا الخَبَرِ؟
5. هَلْ سَبَقَ لَكَ أَنْ زُرْتَ مِصْرَ؟ إذا كانَ الأَمْرُ كَذَلِكَ، شارِكْ تَجْرِبَتَك. إذا لَمْ يَكُنْ الأَمْرُكَذَلِكَ، فَهَلْ تُريدُ زِيارَتَها؟
6. كَمْ عَدَدُ الدُّوَلِ الَّتي زُرْتَها في حَياتِكَ؟
7. ما هِيَ التَّغْييراتُ الَّتي أَحْدَثَها فَيْروسُ كورونا في حَياتِكَ؟
8. ما أَكْثَرُ شَيْءٍ تُحِبُّهُ في السَّفَرِ بِالطّائِرَةِ؟

Expressions and Structures تعابير ومركبات

Try to remember the Arabic expressions and structures from the article. Each English translation is followed by four choices, only one of which is correct. Refer back to the article to check your answers.

1. **the largest museum**

أَكْبرُ المُتْحَفِ

أَكْبرُ مُتْحَفٍ

المُتْحَفُ الأَكْثَر كُبْرًا

الأَكْبَرُ مُتْحَفٍ

2. **eleven million tourists**

إِحْدى عَشَرَ مِلْيونَ مِنَ السّائِحِ

إِحْدى عَشَرَ مَلايينَ سائِحٍ

أَحَدَ عَشَرَ مِلْيونَ سائِحٍ

إِحْدى عَشَرَ مِلْيونَ سُيّاحٍ

3. **especially**

خاصَّةً

بِالخاصَّةِ

بِالظَّبْطِ

بِالذّاتًا

4. **because of**

مِنَ سَبَبٍ

بِسَبَبِ

بِالسِّبابِ

لِسَبَبِ

صَحيفَةٌ newspaper • سائِحٌ tourist • اِقْتَرَحَ to suggest • قائِمَةٌ list
سِياحَةٌ tourism • تَوَقَّعَ to expect

Translation of the Article

1. **Egypt Is the Number One Country to Visit for 2020**
2. Egypt was the first country on the list of countries that {the newspaper} The Independent suggested people visit in 2020.
3. The Grand Egyptian Museum will be the largest archaeology museum in the world.
4. The museum will include 30,000 new artifacts {archaeological pieces}.
5. The Independent said that there were about eleven million tourists in Egypt in 2018.
6. The English newspaper also expects that tourism in Egypt will return strong again, especially after flights to Sharm El-Sheikh have been resumed after they were suspended.
7. National Geographic also chose the city of Aswan in Egypt as one of the suggested cities in 2020.
8. Because of coronavirus, the Grand Egyptian Museum will open in 2021.
9. But flying has been resumed in Egypt, and many tourists have started coming to Egypt, especially to Sharm El-Sheikh and Hurghada.

Translation of the Questions

1. Did the Independent recommend Aswan among its recommended cities in 2020? 2. When will the Grand Egyptian Museum (GEM) open? 3. Have flights resumed yet? 4. What is your opinion of this news? 5. Have you visited Egypt before? If so, share your experience. If not, would you like to visit it? 6. How many countries have you visited in your life? 7. What changes has/did coronavirus make in your life? 8. What do you like most about traveling by plane?

Answers to Expressions and Structures

1. the largest museum أَكْبَرُ مُتْحَفٍ

2. eleven million tourists أَحَدَ عَشَرَ مِلْيونَ سائِحٍ

3. especially خاصَّةً

4. because of بِسَبَبِ

Notes

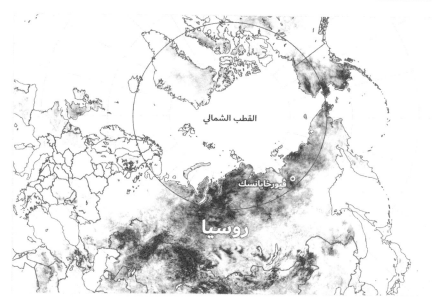

القطب الشمالي يسجل أعلى درجة حرارة له

سجلت مدينة فيورخايانسك في سيبيريا أعلى درجة حرارة في تاريخها: 38°. هذا رقم قياسي جديد. أعلى درجة حرارة سجلت سابقا في القطب الشمالي كانت 37.2°.

تزداد درجة الحرارة في القطب الشمالي بسرعة هي أسرع من بقية العالم بمرتين.

وقد دخلت مدينة فيورخايانسك موسوعة غينيس للأرقام القياسية، وذلك

بسبب الاختلاف الكبير بين أدنى وأعلى درجتي حرارة سجلتا هناك. أدنى درجة حرارة سجلت هناك كانت 68°-. بينما كانت أعلى درجة حرارة 37.2° في عام 1988.

أما في هذه السنة، 2020، فقد كانت درجة الحرارة مرتفعة بشكل غير عادي في جزء كبير من سيبيريا. وبسبب ذلك، اندلعت هناك العديد من حرائق الغابات.

2 Arctic Records Its Highest Temperature

Key Words القاموس

Study the key words and their definitions.

Translations	Definition	Key Word
	أبْردُ مكانٍ شَمالَ الأَرْضِ	القُطْبُ الشَّماليُّ
	كَتَبَ مُلاحَظَةً	سَجَّلَ (يُسَجِّلُ)
	الفِعْلُ المَبْنيُّ لِلْمَجْهولِ مِنْ "سَجَّلَ"	سُجِّلَ (يُسَجَّلُ)
	رَقْمٌ يَدُلُّ عَلى مُعَدَّلِ حَرارَةٍ أَوْ بُرودَةِ شَيْءٍ ما	دَرَجَةُ حَرارَةٍ
	أَعْلى رَقْمٍ سُجِّلَ	رَقْمٌ قِياسيٌّ (أَرْقامٌ قِياسيَّةٌ)
	أَصْبَحَ أَكْثَرَ وأَكْثَرَ	اِزْدادَ (يَزْدادُ)
	كِتابٌ كَبيرٌ جِدًّا فيهِ مَعْلوماتٌ كَثيرَةٌ	مَوْسوعَةٌ
	الِاخْتِلافُ بَيْنَ شَيْئَيْنِ أَوْ أَكْثَرَ	فَرْقٌ (فُروقاتٌ)
	نارٌ شَديدَةٌ تَنْدَلِعُ وَتَنْتَشِرُ بِسُرْعَةٍ في الغاباتِ	حَريقُ غاباتٍ (حَرائِقُ غاباتٍ)

Now match these translations to the key words above. Check your answers in the answer key.

difference • encyclopedia • record • temperature • the Arctic • to be recorded • to increase • to record • wildfire

The Article المقال

1 القُطْبُ الشَّماليُّ يُسَجِّلُ أَعْلى دَرَجَةِ حَرارَةٍ لَهُ

2 سَجَّلَتْ مَدينَةُ **فيورْخايانْسْك** في **سَيْبيريا** أَعْلى دَرَجَةِ حَرارَةٍ في تاريخِها: ثَمانٍ وَثَلاثون دَرَجَةً مِئَوِيَّةً.

3 هَذا رَقْمٌ قِياسيٌّ جَديدٌ.

4 أَعْلى دَرَجَةِ حَرارَةٍ سُجِّلَتْ سابِقًا في القُطْبِ الشَّماليِّ كانَتْ سَبْعًا وَثَلاثينَ فاصِلُ اِثْنينِ دَرَجَةً مِئَوِيَّةً.

5 تَزْدادُ دَرَجَةُ الحَرارَةِ في القُطْبِ الشَّماليِّ بِسُرْعَةٍ هِيَ أَسْرَعُ مِنْ بَقيَّةِ العالَمِ بِمَرَّتَيْنِ.

6 وَقَدْ دَخَلَتْ مَدينَةُ **فيورْخايانْسْك** مَوْسوعَةَ **غينيس** لِلْأَرْقامِ القِياسِيَّةِ، وَذَلِكَ بِسَبَبِ الاِخْتِلافِ الكَبيرِ بَيْنَ أَدْنى وَأَعْلى دَرَجَتَيْ حَرارَةٍ سُجِّلَتا هُناكَ.

7 أَدْنى دَرَجَةِ حَرارَةٍ سُجِّلَتْ هُناكَ كانَتْ ثَمانِيَ وَسِتّينَ دَرَجَةً مِئَوِيَّةً تَحْتَ الصِّفْرِ.

8 بَيْنَما كانَتْ أَعْلى دَرَجَةِ حَرارَةٍ سَبْعًا وَثَلاثينَ دَرَجَةً مِئَوِيَّةً في عامِ أَلْفٍ وَتِسْعِمائَةٍ وَثَمانِيَةٍ وَثَمانينَ.

9 أَمّا في هَذِهِ السَّنَةِ، أَلْفَيْنِ وَعِشْرينَ، فَقَدْ كانَتْ دَرَجَةُ الحَرارَةِ مُرْتَفِعَةً بِشَكْلٍ غَيْرِ عاديٍّ في جُزْءٍ كَبيرٍ مِنْ **سَيْبيرْيا**.

10 وَبِسَبَبِ ذَلِكَ، اِنْدلعت هُناكَ العَديدُ مِنَ حَرائِقِ الغاباتِ.

أسئلة الفهم Comprehension Questions

1. ما هِيَ أَدْنى دَرَجَةِ حَرارَةٍ سُجِّلَتْ في مَدينَةِ **فيورْخايانْسْكْ**؟
2. دَرَجَةُ الحَرارَةِ في القُطْبِ الشَّماليِّ تَتَزايَدُ بِوَتيرَةٍ أَسْرَعَ مِنْ بَقيَّةِ العالَمِ؟ صَحيحٌ أَمْ خَطَأٌ؟
3. لِماذا انْدَلَعَتِ الكَثيرُ مِنْ حَرائِقِ الغاباتِ في سَيْبيرِيا هَذِهِ السَّنَةَ؟

أسئلة النقاش Discussion Questions

4. ما رَأْيُكَ في هَذا الخَبَرِ؟
5. هَلْ تَعْتَقِدُ أَنَّهُ يُمْكِنُكَ العَيْشُ في مَدينَةِ **فيورْخايانْسْكْ**؟ لِماذا؟
6. هَلْ تَعْتَقِدُ أَنَّ الصَّيْفَ أَصْبَحَ أَكْثَرَ حَرارَةً مِنَ الماضي في بَلَدِكَ؟ إذا كانَ الأَمْرُ كَذَلِكَ، فَما هُوَ السَّبَبُ، في رَأْيِكَ؟
7. هَلْ تُحِبُّ الحَرارَةَ أَمَّ البُرودَةَ؟ لِماذا؟
8. أَيْنَ يوجَدُ أَفْضَلُ طَقْسٍ/مَناخٍ في العالَمِ بِرَأْيِكَ؟

Expressions and Structures تعابير وتركيبات

Try to remember the Arabic expressions and structures from the article. Each English translation is followed by four choices, only one of which is correct. Refer back to the article to check your answers.

1. **previously**

قَبْلَ هذا	قَبْلَ
سابِقًا	قَبْلَ ما

2. **the rest of the world**

العالَمُ الباقي	بَقِيَّةُ العالَمِ
ما تَبَقّى مِنَ العالَمِ	العالَمُ كُلُّهُ

3. **unusually**

بِشَكْلٍ غَيْرِ عادِيٍّ	عَلى أَشْكالٍ غَريبَةٍ
لَيسَ عادَةً	بِأَغْرَبَ شَكْلٍ

4. **because of that**

بِسَبَبٍ ما	لِأَنَّ ذَلِكَ
سَبَبًا	بِسَبَبِ ذَلِكَ

Answer Key and Translations الإجابات و الترجمات

Key Word Answers

the Arctic القُطْبُ الشَّماليّ • to record سَجَّلَ • to be recorded سُجِّلَ • temperature دَرَجَةُ حَرارَةٍ • record رَقْمٌ قِياسيٌّ • to increase اِزْدادَ • encyclopedia مَوْسوعَةٌ • difference فَرْقٌ • wildfire حَريقُ غاباتٍ

Translation of the Article

1. **Arctic Records Its Highest Temperature**
2. The city of Verkhoyansk in Siberia has recorded the highest temperature in its history: 38°C.
3. This is a new record.
4. The highest temperature previously recorded in the Arctic was 37.2°C.
5. The temperature is increasing in the Arctic {with a speed} two times faster than [in] the rest of the world.
6. The city of Verkhoyansk has entered the Guinness Book of World Records {the Encyclopedia of Guinness for Records}. And that's because of the big difference between the lowest and highest temperatures recorded there.
7. The lowest temperature recorded there was minus 68°C,
8. Whereas the highest temperature was 37.2°C in {the year} 1988.
9. As for this year, 2020, the temperature was unusually high in a large part of Siberia.
10. Because of that, a lot of wildfires occurred there.

Translation of the Questions

1. What was the lowest temperature recorded in the city of Verkhoyansk? 2. The temperature in the Arctic is increasing faster than in the rest of the world? True or false? 3. Why did a lot of forest fires occur in Siberia this year? 4. What is your opinion on this news? 5. Do you think you could live in the city of Verkhoyansk? Why? 6. Do you think summer has become hotter than it used to be in your country? If so, what do you think is the

reason? 7. Do you like the heat or the cold? Why? 8. Where do you think the best weather/climate in the world is?

Answers to Expressions and Structures

1. previously سابِقًا
2. the rest of the world بَقِيَّةُ العالَمِ
3. unusually بِشَكْلٍ غَيْرِ عادِيٍّ
4. because of that بِسَبَبِ ذَلِكَ

Notes

دراسة: مراهقون أقل يتعاطون الماريجوانا عند تقنينها

اكتشفت دراسة جديدة أن تقنين الماريجوانا الترفيهية للبالغين ربما يكون قلل من تعاطي المراهقين لها في بعض الولايات الأمريكية.

كثير من الولايات قد قننت الماريجوانا الطبية والترفيهية.

لم يكن هناك فرق كبير في التعاطي مرتبط بتقنين الماريجوانا الطبية. في المقابل، انخفض تعاطي المراهقين بنسبة تقارب 10٪ بعد تقنين الماريجوانا الترفيهية.

تكون الماريجوانا أكثر صعوبة وتكلفة

بالنسبة للمراهقين حين يشترونها من الأماكن المرخص لها ببيع الماريجوانا.

قد يكون هذا أحد الأسباب.

من الجدير بالذكر، أن دراسات أخرى وجدت أن عددا أقل من المراهقين يعتقدون أن الماريجوانا خطيرة عندما تكون قانونية للبالغين.

ويعترف 20٪ من طلاب المدارس الثانوية في الولايات المتحدة أنهم يتعاطون الماريجوانا.

3 Study: Fewer Teens Consume Marijuana When Legalized

Key Words — الكلمات

Study the key words and their definitions.

Translations	Definitions	Key Words
	أُسْلوبٌ مُنَظَّمٌ في جَمْعِ المَعْلوماتِ	دِراسَةٌ
	أنْ تَجْعَلَ شَيْئًا ما قانونيًّا؛ أنْ تَجْعَلَ شَيْئًا ما غَيْرَ مُخالِفٍ لِلْقانونِ	تَقْنينٌ
	راشِدٌ، لَيْسَ طِفْلًا	بالِغٌ / بالِغَةٌ
	جَعَلَ شَيْئًا ما أَقَلَّ	قَلَّلَ (يُقَلِّلُ)
	اِسْتِهْلاكُ المُخَدِّراتِ	تَعاطٍ
	شَخْصٌ عُمْرُهُ بَيْنَ ثَلاثَ عَشْرَةَ وَتِسْعَ عَشْرَةَ سَنَةً	مُراهِقٌ / مُراهِقَةٌ
	مِنْطَقَةٌ إدارِيَّةٌ كَبيرَةٌ:توجَدُ خَمْسونَ وِلايَةً في الوِلاياتِ المُتَّحِدَةِ الأَمْريكِيَّةِ.	وِلايَةٌ
	أَصْبَحَ أَصْغَرَ في العَدَدِ، في المِساحَةِ، في الوَزْنِ، إلَخْ.	قَلَّ (يَقِلُّ)
	لِلْعِلاجِ	طِبِّيٌّ
	لِلْمُتْعَةِ	تَرْفيهِيٌّ
	لَدَيْهِ رُخْصَةٌ	مُرَخَّصٌ لَهُ

Now match these translations to the key words on the previous page. Check your answers in the answer key.

adult • legalization • licensed • medical, medicinal • recreational • state • study • taking drugs • teenager • to decrease, become less • to reduce, decrease

The Article المَقال

1 دِراسَةٌ: مُراهِقونَ أَقَلَّ يَتَعاطَوْنَ الماريجْوانا عِنْدَ تَقْنينِها

2 اِكْتَشَفَتْ دِراسَةٌ جَديدَةٌ أَنَّ تَقْنينَ الماريجْوانا التَّرفيهِيَّةِ لِلْبالِغينَ رُبَّما يَكونُ قَلَّلَ مِنَ تَعاطي المُراهِقينَ لَها في بَعْضِ الوِلاياتِ الأَمْريكِيَّةِ.

3 كَثيرٌ مِنَ الوِلاياتِ قَدْ قَنَّنَتِ الماريجْوانا الطِّبِّيَّةَ والتَّرفيهِيَّةَ.

4 لَمْ يَكُنْ هُناكَ فَرْقٌ كَبيرٌ في التَّعاطي مُرْتَبِطٌ بِتَقْنينِ الماريجْوانا الطِّبِّيَّةِ.

5 في المُقابِلِ، اِنْخَفَضَ تَعاطي المُراهِقينَ بِنِسْبَةٍ تُقارِبُ العَشَرَةَ بِالْمِائَةِ بَعْدَ تَقْنينِ الماريجْوانا التَّرفيهِيَّةِ.

6 تَكونُ الماريجْوانا أَكْثَرَ صُعوبَةً وَتَكْلِفَةً بِالنِّسْبَةِ لِلْمُراهِقينَ حينَ يَشْتَرونَها مِنَ الأَماكِنِ المُرَخَّصِ لَها بِبَيْعِ الماريجْوانا.

7 قَدْ يَكونُ هَذا أَحَدَ الأَسْبابِ.

8 مِنَ الجَديرِ بِالذِّكْرِ، أَنَّ دِراساتٍ أُخْرى وَجَدَتْ أَنَّ عَدَدًا أَقَلَّ مِنَ المُراهِقينَ يَعْتَقِدونَ أَنَّ الماريجْوانا خَطيرَةٌ عِنْدَما تَكونُ قانونِيَّةً لِلْبالِغينَ.

9 وَيَعْتَرِفُ عِشْرونَ بِالْمِائَةِ مِنْ طُلّابِ المَدارِسِ الثّانَوِيَّةِ في الوِلاياتِ المُتَّحِدَةِ أَنَّهُمْ يَتَعاطَوْنَ الماريجْوانا.

أسئلة الفهم Comprehension Questions

1. هَلِ انْخَفَضَ اسْتِهْلاكُ المُراهِقينَ لِلْماريجْوانا بَعْدَ تَقْنينِ الماريجْوانا الطِّبِّيَّةِ؟
2. ما النِّسْبَةُ المِئَوِيَّةُ لِطُلّابِ المَدارِسِ الثّانَوِيَّةِ في الوِلاياتِ المُتَّحِدَةِ الَّذينَ يَعْتَرِفونَ أَنَّهُمْ يَتَعاطَوْنَ الماريجْوانا؟
3. هَلْ تُصْبِحُ الماريجْوانا أَسْهَلَ وَأَرْخَصَ في الأَماكِنِ المُرَخَّصِ لَها بِبَيْعِ الماريجْوانا؟

أسئلة النقاش Discussion Questions

4. ما رَأْيُكَ في هَذِهِ الدِّراسَةِ؟
5. ما السَّبَبُ، في رَأْيِك، وَراءَ انْخِفاضِ اسْتِهْلاكِ المُراهِقينَ لِلْماريجْوانا عِنْدَما تُصْبِحُ قانونِيَّةً؟
6. هَلْ كانَ كَثيرٌ مِنَ الطُّلّابِ في مَدْرَسَتِكَ يَتَعاطَوْنَ الماريجْوانا؟
7. ماذا سَتَفْعَلُ إِذا اكْتَشَفْتَ أَنَّ ابْنَكَ المُراهِقَ يَتَعاطى الماريجْوانا أَوْ يُدَخِّنُ الحَشيشَ؟
8. هَلْ تَغَيَّرَتْ آراءُ النّاسِ في بَلَدِكَ بِشَأْنِ الماريجْوانا خِلالَ السَّنَواتِ العَديدَةِ الماضِيَةِ؟

Expressions and Structures تعابير ومركبات

Try to remember the Arabic expressions and structures from the article. Each English translation is followed by four choices, only one of which is correct. Refer back to the article to check your answers.

1. **there was not**

لَمْ يَكُنْ هُناكَ	كانَ لَيْسَ هُناكَ
كانَ هُناكَ	هُناكَ لَمْ يَكُنْ

2. **one of the reasons**

سَبَبٌ مِنَ الأَحَدِ	أَحَدُ الأَسْبابِ
واحِدٌ سَبَبٌ	الأَحَدُ مِنَ الأَسْبابِ

3. **other studies have found that...**

دِراساتٌ أُخْرى وَجَدَتْ أَنَّ	الدِّراساتِ الأُخْرى وَجَدَتْ أَنْ
دِراسَةٌ أُخْرَياتٌ وَجَدْنَ أَنَّ	دِراسَةٌ آخَرُ وَجَدَتْ أَنَّ

4. **twenty percent of**

عِشْرونَ في المِئاتِ	عِشْرونَ مِئَةٍ مِنْ
عِشْرونَ بِالمِئَةِ مِنْ	عِشْرونَ عَلى المِئَةِ مِنْ

Key Word Answers

study دِراسةٌ • legalization تَقْنينٌ • adult بالغٌ • to reduce, decrease قَلَّ • taking drugs تَعاطٍ • teenager مُراهِقٌ • state وِلايةٌ • to decrease, become less قَلَّ • medical, medicinal طِبّيٌّ • recreational تَرْفيهيٌّ • licensed مُرَخَّصٌ لَهُ

Translation of the Article

1. **Study: Fewer Teens Consume Marijuana When Legalized**
2. A new study has found that legalizing recreational marijuana for adults may have reduced teens' consumption of it in some American states.
3. Many states have legalized medicinal and recreational marijuana.
4. There was not a big difference in consumption associated with legalizing medical marijuana.
5. However, the consumption by teens decreased by about 10% after legalizing recreational marijuana.
6. Marijuana is more difficult and expensive for teens when they buy it from places licensed to sell marijuana.
7. This could be one of the reasons.
8. It's worth mentioning that other studies have found that fewer teens think that marijuana is dangerous when it is legal for adults.
9. Twenty percent of high school students in the US admit that they consume marijuana.

Translation of the Questions

1. Did teens' consumption of marijuana decrease after the legalization of medicinal marijuana? 2. What percentage of high school students in the US say they use marijuana? 3. Does marijuana become easier [to buy] and cheaper in places that are licensed to sell marijuana? 4. What is your opinion of this study? 5. What do you think is the reason that teens' consumption of

marijuana decreases when it becomes legal? 6. Were there a lot of students in your school that used marijuana? 7. What would you do if you found out that your teenage son was using marijuana or smoking hashish? 8. Have the views of people in your country on marijuana changed over the last several years?

Answers to Expressions and Structures

1. there was not لَمْ يَكُنْ هُناكَ

2. one of the reasons أَحَدُ الأَسْبابِ

3. other studies have found that... دِراساتٌ أُخْرى وَجَدَتْ أَنَّ

4. twenty percent of عِشْرونَ بِالمِئَةِ مِنْ

Notes

البيوت الصغيرة جدا

أصبحت "البيوت الصغيرة جدا"، والتي تكون مساحتها 40 مترا مربعا أو أقل، أصبحت موضة في السنوات القليلة الماضية. طبقا لحوالي نصف الأمريكيين، فإنهم قد يفكرون في شراء واحد من هذه البيوت.

تشبه البيوت الصغيرة جدا من الداخل البيوت العادية، لكنها أصغر. فهذه البيوت تحتوي على مطبخ مفتوح، وغرفة معيشة، وحمام. ويكون فيها سرير بالطبع.

تبنى معظم هذه البيوت على مقطورات بحيث يمكن للناس تغيير مواقعهم بسهولة.

عادة ما تكون أسعار البيوت الصغيرة جدا أقل من ربع أسعار البيوت العادية.

يحب بعض الناس البيوت الصغيرة جدا لأن هذه البيوت صديقة للبيئة.

ويرى البعض أن هذه البيوت خيار جيد جدا للشباب. هذا لأن الشباب يريدون مكانا للعيش فيه، لكن لا يكون لديهم دائما المال لشراء أرض ليبنوا عليها بيتا عاديا.

4 Tiny Homes

Key Words الكلمات

Study the key words and their definitions.

Translations	Definitions	Key Words
________	مِساحَةُ مُرَبَّعٍ طولُ ضِلْعِهِ مِتْرٌ واحِدٌ	مِتْرٌ مُرَبَّعٌ
________	شَيْءٌ مُنْتَشِرٌ؛ يَتْبَعُهُ الكَثيرُ مِنَ النّاسِ أَوْ يَتَحَدَّثونَ عَنْهُ	موضَةٌ
________	عَرَبَةٌ بِدونِ مُحَرِّكٍ، يُمْكِنُ أَنْ تُجَرَّ بِعَرَبَةٍ أُخْرى	مَقْطورَةٌ
________	جَيِّدٌ لِلْبيئَةِ؛ لا يَضُرّ بِالطَّبيعَةِ	صَديقٌ لِلْبيئَةِ
________	شَيْءٌ يُمْكِنُ أَنْ تَخْتارَهُ	خِيارٌ
________	أَنْشَأَ مَبْنى	بَنى (يَبْني)
________	الفِعْلُ المَبْنِيُّ لِلْمَجْهولِ مِنْ "بَنى"	بُنِيَ (يُبْنى)

Now match these translations to the key words above. Check your answers in the answer key.

environmentally friendly • option • square meter • to be built • to build • trailer • trend

The Article

المقال

1 البُيوتُ الصَّغيرَةُ جِدًّا

2 أَصْبَحَتْ "البُيوتُ الصَّغيرَةُ جِدًّا"، والَّتي تَكونُ مِساحَتُها أَرْبَعينَ مِتْرًا مُرَبَّعًا أَوْ أَقَلَّ، أَصْبحَتْ موضَةً في السَّنَواتِ القَليلَةِ الماضِيَةِ.

3 طِبْقاً لِحَواليْ نِصْفِ الأَمْريكيِّينَ، فَإِنَّهُمْ قَدْ يُفَكِّرونَ في شِراءٍ واحِدٍ مِنْ هٰذِهِ البُيوتِ.

4 تُشْبِهُ البُيوتُ الصَّغيرَةُ جِدًّا مِنَ الدّاخِلِ البُيوتَ العادِيَّةَ، لَكِنَّها أَصْغَرُ.

5 فَهٰذِهِ البُيوتُ تَحْتَوي عَلى مَطْبَخٍ مَفْتوحٍ، وَغُرْفَةِ مَعيشَةٍ، وَحَمّامٍ.

6 وَيَكونُ فيها سَريرٌ بِالطَّبْعِ.

7 تُبْنى مُعْظَمُ هَذِهِ البُيوتِ عَلى مَقْطوراتٍ بِحَيْثُ يُمْكِنُ لِلنّاسِ تَغْييرُ مَواقِعِهِمْ بِسُهولَةٍ.

8 عادَةً ما تَكونُ أَسْعارُ البُيوتِ الصَّغيرَةِ جِدًّا أَقَلَّ مِنْ رُبْعِ أَسْعارِ البُيوتِ العادِيَّةِ.

9 يُحِبُّ بَعْضُ النّاسِ البُيوتَ الصَّغيرَةَ جِدًّا لِأَنَّ هَذِهِ البُيوتَ صَديقَةٌ لِلْبيئَةِ.

10 وَيَرى البَعْضُ أَنَّ هَذِهِ البُيوتَ خِيارٌ جَيِّدٌ جِدًّا لِلشَّبابِ.

11 هَذا لِأَنَّ الشَّبابَ يُريدونَ مَكانًا لِلْعَيْشِ فيهِ، لَكِنْ لا يَكونُ لَدَيْهِمْ دائِمًا المالُ لِشِراءِ أَرْضٍ لِيَبْنوا عَلَيْها بَيْتًا عادِيًّا.

أسئلة الفهم Comprehension Questions

1. ما هِيَ البُيوتُ الصَّغيرَةُ جِدًّا؟
2. بِكَمْ في المِائَةِ تَكونُ المَنازِلُ الصَّغيرَةُ جِدًّا أَرْخَصَ مِنَ المَنازِلِ العادِيَّةِ؟
3. لِماذا قَدْ تَكونُ البُيوتُ الصَّغيرَةُ جِدًّا خِيارًا جَيِّدًا لِلشَّبابِ؟

أسئلة النقاش Discussion Questions

4. ما رَأْيُكَ في هَذا المَقالِ؟
5. هَلْ يُمْكِنُ أَنْ تُفَكِّرُ في شِراءِ بَيْتٍ صَغيرٍ جِدًّا؟
6. هَلْ توجَدُ مَنازِلُ صَغيرَةٌ جِدًّا في بَلْدَتِكَ؟
7. هَلْ تُفَضِّلُ بَنّاءَ بيْتٍ بِنَفْسِكَ أَمْ شِراءَ مَنْزِلٍ جاهِزٍ؟
8. ما هُوَ أَهَمُّ شَيْءٍ بِالنِّسْبَةِ لَكَ عِنْدَما تَذْهَبُ لِشِراءِ أَوِ اسْتِئْجارِ مَنْزِلٍ؟

Expressions and Structures تَعابير ومركبات

Try to remember the Arabic expressions and structures from the article. Each English translation is followed by four choices, only one of which is correct. Refer back to the article to check your answers.

1. **in the last few years**

   في القَليلِ مِنَ السَّنَّةِ الماضِيَةِ | في القَليلِ مِنَ السِّنينَ الماضِيَةِ

   في السَّنَواتِ القَليلَةِ الماضِيَةِ | في قَليلٍ مِنْ سِنينٍ ماضِيَةٍ

2. **most of these houses**

   مُعْظَمُ هَذِهِ البُيوتِ | كلُّ هَذِهِ البُيوتِ مُعْظَمًا

   المُعْظَمُ مِنْ هَذِهِ المَنازِلِ | المَنازِلُ العَظيمَةُ هَذِهِ

3. **less than**

   الأَقَلُّ مِنْ | أَقَلُّ مِنْ

   أَقَلُّ في | عَلى الأَقَلِّ

4. **some people see...**

   يَرَوْنَ بَعْضُ الأَشْخاصِ | الأَشْخاصُ تَرى

   يَرى البَعْضُ | بَعْضُهُمْ مِنَ الأَشْخاصِ يَرى

Answer Key and Translations الإجابات و الترجمات

Key Word Answers

square meter مِتْرٌ مُرَبَّعٌ • trend موضَةٌ • trailer مَقْطورَةٌ • environmentally friendly صَديقٌ لِلْبيئَةِ • option خِيارٌ • to build بَنى • to be built بُنِيَ

Translation of the Article

1. **Tiny Homes**
2. "Tiny Homes"–40 square meters or less–have become a trend in the last few years.
3. According to about half of Americans, they may consider buying one of these houses.
4. Tiny homes, from the inside, are like regular houses but smaller.
5. That is, they have an open-plan kitchen, a living area, and a bathroom.
6. And they have a bed, of course.
7. Most of these houses are built on trailers so that people can change their locations easily.
8. The prices of tiny homes are usually less than a quarter of the prices of traditional houses.
9. Some people like tiny homes because these houses are environmentally friendly.
10. And some people see these houses as a very good option for young people.
11. This is because young people will want a place to live in, but not always do they have money to buy land to build a regular house on.

Translation of the Questions

1. What are tiny homes? 2. How much cheaper are tiny homes than regular houses? 3. Why might tiny homes be a good option for young people? 4. What is your opinion of this article? 5. Would you consider buying a tiny home? 6. Are there tiny homes in your town? 7. Would you prefer to build a house yourself or buy a house

ready-made? 8. What is the most important thing for you when you go to buy or rent a house?

Answers to Expressions and Structures

1. in the last few years فِي السَّنَواتِ القَليلَةِ الماضِيَةِ
2. most of these houses مُعْظَمُ هَذِهِ البُيوتِ
3. less than أَقَلُّ مِنْ
4. some people see... يَرى البَعْضُ

Notes

فاكهة كريهة الرائحة تدخل ستة أشخاص المستشفى

دخل 6 موظفي مكتب بريد في ألمانيا المستشفى بعد أن وجدوا طردا كانت رائحته قوية جدا. كان الطرد يحتوي على ثمار الدوريان.

عندما جاءت الشرطة وإدارة الإطفاء لرؤية الطرد، كانوا يخشون أن يكون في الطرد شيء خطير. لذلك أخلت الشرطة المبنى بالكامل وطلبت من جميع الموظفين المغادرة. كما جاءت 6 سيارات إسعاف و7 سيارات طوارئ للمساعدة.

كان الدوريان في طريقه إلى رجل في الحي يبلغ من العمر 50 عاما. وقد تلقى الرجل طرده في النهاية.

يطلق بعض الناس على الدوريان اسم ملك الفواكه. والبعض يصفه بأن رائحته تشبه رائحة البيض الفاسد أو الجبن الفاسد أو الجوارب المتسخة. من الجدير بالذكر أنه لا يسمح بدخول الدوريان في العديد من الفنادق وحتى في مترو أنفاق سنغافورة.

5 Smelly Fruit Sends Six People to Hospital

Key Words الكلمات

Study the key words and their definitions.

Translations	Definitions	Key Words
	مَكْتَبٌ حُكوميٌّ لِإرْسالِ وَاسْتِلامِ الطُّرودِ وغَيْرِها	مَكْتَبُ بَريدٍ (مَكاتِبُ بَريدٍ)
	عامِلٌ	مُوَظَّفٌ
	شَيْءٌ مُرْسَلٌ مِنْ مَكانٍ لِآخَرَ	طَرْدٌ
	شَيْءٌ نَسْتَطيعُ شَمَّهُ	رائِحَةٌ (رَوائِحُ)
	لَيْسَ آمَنًا	خَطيرٌ
	غَيْرُ سَليمٍ	فاسِدٌ
	الشَّيْءُ الَّذي نَلْبَسُهُ في أَرْجُلِنا قَبْلَ أَنْ نَلْبَسَ الحِذاءَ	جَوْرَبٌ (جَوارِبُ)
	لَيْسَ نَظيفًا	مُتَّسِخٌ
	جَعَلَ شَيْئًا ما فارِغًا	أَخْلى (يُخْلي)
	سَيّارَةٌ تَنْقِلُ المَرْضى إِلى المُسْتَشْفى	سَيّارَةُ إِسْعافٍ
	سَيّارَةٌ تَأْتي عِنْدَما يَكونُ هُناكَ مُشْكِلٌ كَبيرٌ	سَيّارَةُ طَوارِئَ

Now match these translations to the key words on the previous page. Check your answers in the answer key.

a pair of socks • ambulance • dangrous • dirty • emergency vehicle • employee • post office • rotten, spoiled • shipment • smell • to empty, evacuate

The Article | المقال

1 فاكِهَةٌ كَريهَةُ الرّائِحَةِ تُدْخِلُ سِتَّةَ أَشْخاصٍ المُسْتَشْفى

2 دَخَلَ سِتَّةُ مُوَظَّفي مَكْتَبِ بَريدٍ في أَلْمانْيا المُسْتَشْفى بَعْدَ أَنْ وَجَدوا طَرْدًا كانَتْ رائِحَتُهُ قَوِيَّةً جِدًّا.

3 كانَ الطَّرْدُ يَحْتَوي عَلى ثِمارِ الدّوريانِ.

4 عِنْدَما جاءَتِ الشُّرْطَةُ وَإِدارَةُ الإِطْفاءِ لِرُؤْيَةِ الطَّرْدِ، كانوا يَخْشَوْنَ أَنْ يَكونَ في الطَّرْدِ شَيْءٌ خَطيرٌ.

5 لِذَلِكَ أَخْلَتِ الشُّرْطَةُ المَبْنى بِالْكامِلِ وَطَلَبَتْ مِنْ جَميعِ المُوَظَّفينَ المُغادَرَةَ.

6 كَما جاءَتْ سِتُّ سَيّاراتِ إِسْعافٍ وَسَبْعُ سَيّاراتِ طَوارِئَ لِلْمُساعَدَةِ.

7 كانَ الدّوْريانُ في طَريقِهِ إِلى رَجُلٍ في الحَيِّ يَبْلُغُ مِنَ العُمُرِ خَمْسينَ عامًا.

8 وَقَدْ تَلَقّى الرَّجُلُ طَرْدَهُ في النِّهايَةِ.

9 يُطْلِقُ بَعْضُ النّاسِ عَلى الدّوريانِ اسْمَ مَلِكِ الفَواكِهِ.

10 وَالبَعْضُ يَصِفُهُ بِأَنَّ رائِحَتَهُ تُشْبِهُ رائِحَةَ البَيْضِ الفاسِدِ أَوِ الجُبْنِ الفاسِدِ أَوْ الجَوارِبِ المُتَّسِخَةِ.

11 مِنَ الجَديرِ بِالذِّكْرِ أَنَّهُ لا يُسْمَحُ بِدُخولِ الدوريانِ في العَديدِ مِنَ الفَنادِقِ وَحَتّى في مِتْرو أَنْفاقِ سِنْغافورَةَ.

أسئلة الفهم Comprehension Questions

1. كَمْ عَدَدُ المُوَظَّفينَ الَّذينَ ذَهَبوا إِلى المُسْتَشْفى؟
2. ماذا فَعَلَتِ الشُّرْطَةُ؟
3. لِمَنْ كانَ الدورِيّانُ ذاهِبًا؟

أسئلة النقاش Discussion Questions

4. ما رَأْيُكَ فِي هَذا الخَبَرِ؟
5. ما هُوَ أَغْرَبُ شَيْءٍ أَكَلْتَهُ عَلى الإِطْلاقِ؟
6. هَلْ تُحِبُّ تَجْرِبَةَ الأَطْعِمَةِ الجَديدَةِ؟
7. إذا كُنْتَ سَتَأْكُلُ طَعامًا واحِداً كُلَّ يَوْمٍ، فَماذا سَتَخْتارُ؟
8. إذا كانَ عَلَيْكَ العَمَلُ في مَكْتَبِ بَريدٍ أَوْ مَرْكَزِ شُرْطَةٍ أَوْ في مُسْتَشْفى، فَماذا سَتَخْتارُ وَلِماذا؟

Expressions and Structures تعابير ومركبات

Try to remember the Arabic expressions and structures from the article. Each English translation is followed by four choices, only one of which is correct. Refer back to the article to check your answers.

1. **six postal employees**

سِتَّةُ مُوَظَّفي مَكْتَبِ	سِتَّةُ مُوَظَّفينَ المَكْتَبِ
سِتُّ مُوَظَّفي مَكْتَبِ	سِتُّ مُوَظَّفٍ مَكْتَبِ

2. **something dangerous**

خَطيرُ الشَّيْءُ	شَيْءٌ خَطيرَةٌ
شَيْءٌ خاطِرٌ	شَيْءٌ خَطيرٌ

3. **a 50-year-old man**

رَجُلٌ يَبْلُغُ مِنَ العُمُرِ خَمْسونَ أَعْوامًا	رَجُلٌ يَبْلُغُ مِنَ العُمُرِ خَمْسينَ عامًا
رَجُلٌ يَبْلُغُ مِنَ العُمُرِ خَمْسونَ سِنينَ	رَجُلٌ مِنْ خَمْسينَ عامًا

4. **in many hotels**

في الفَنادِقِ كَثيرَةٍ	في عَديدَةٍ مِنَ الفَنادِقِ
في العَديدِ مِنَ الفَنادِقِ	في العَديدِ مِنَ الفُنْدُقِ

Answer Key and Translations

الإجابات و الترجمات

Key Word Answers

post office مَكْتَبُ بَرِيدٍ • employee مُوَظَّفٌ • shimpent طَرْدٌ • smell رائِحَةٌ • dangrous خَطِيرٌ • rotten, spoiled فاسِدٌ • a pair of socks جَوْرَبٌ • dirty مُتَّسِخٌ • to empty, evacuate أَخْلى • ambulance سَيّارَةُ إِسْعافٍ • emergency vehicle سَيّارَةُ طَوارِئَ

Translation of the Article

1. **Smelly Fruit Sends Six People to Hospital**
2. Six post office employees in Germany went to the hospital after they found a package whose smell was strong.
3. The package included durian fruits.
4. When the police and fire department came to see the package, they were afraid that there might be something dangerous in the package.
5. Therefore, the police evacuated the whole building and asked all the employees to leave.
6. Additionally, six ambulances and seven emergency cars came to help.
7. The durians were going to a 50-year-old man in the neighborhood.
8. The man received his package in the end.
9. Some people refer to durians as the King of Fruits.
10. And some compare its smell to the smell of rotten eggs, spoiled cheese, or dirty socks.
11. It's worth mentioning that Durians are not allowed in many hotels and even in the subway of Singapore.

Translation of the Questions

1. How many employees went to the hospital? 2. What did the police do? 3. Who was the durian going to? 4. What is your opinion of this article? 5. What is the strangest thing you have ever eaten? 6. Do you like trying new foods? 7. If you were going to eat the same food every day, what would you choose? 8. If you had to

work in a post office, police station, or in a hospital, what would you choose and why?

Answers to Expressions and Structures

1. six employees سِتَّةُ مُوَظَّفي مَكْتَبٍ

2. something dangerous شَيْءٌ خَطيرٌ

3. a 50-year-old man رَجُلٌ يَبْلُغُ مِنَ العُمُرِ خَمْسينَ عامًا

4. in many hotels في العَديدِ مِنَ الفَنادِقِ

Notes

مدينة إسبانية تريد أن تفقد 100 ألف كيلو من وزنها في سنتين

هناك تحد في بلدة نارون الإسبانية أن ينقص سكانها من وزنهم، كمجموعة، 100 ألف كيلو في غضون سنتين.

ترجمة اسم التحدي باللغة الإسبانية هي "100 ألف سبب للوزن". بدأ التحدي في يناير 2018، وبعد عام كان الناس قد فقدوا من وزنهم 46 ألف كيلو.

يبلغ عدد سكان نارون 39 ألفا. هذا يعني أن كل شخص هناك يجب أن يفقد حوالي كيلو ونصف الكيلو في غضون عامين لكي

تفقد المدينة 100 ألف كيلو.

صرحت إدارة الصحة أن هناك 15 ألف شخص يحتاجون أن ينقصوا وزنهم.

الهدف هو أن يفقد هؤلاء الأشخاص على الأقل 10٪ من وزنهم.

هناك جمعية خيرية في المدينة ستتبرع بطعام أو حليب لأكثر الناس فقرا في المدينة مقابل كل كيلو يفقده سكان المدينة.

6 Spanish Town Wants to Lose 100,000 Kilos in Two Years

Key Words الكلمات

Study the key words and their definitions.

Translations	Definitions	Key Words
________	دَعْوَةٌ لِلْمُشارَكَةِ فِي مُنافَسَةٍ	تَحَدٍّ
________	شَخْصٌ يَعيشُ فِي مَكانٍ ما	ساكِنٌ / ساكِنَةٌ (سُكّانٌ)
________	فَقَدَ مِنْ وَزْنِهِ؛ جَعَلَ وَزْنَهُ أَقَلَّ	أَنْقَصَ (يُنْقِصُ) وَزْنَهُ
________	قِسْمٌ فِي الحُكومَةِ، أَوْ فِي شَرِكَةٍ، إلَخْ.، لَدَيْهِ مَسْؤولِيَّةٌ مُعَيَّنَةٌ	إِدارَةٌ
________	كَحَدٍّ أَدْنَى	عَلى الأَقَلِّ
________	شَيْءٌ تُريدُ تَحْقيقَهُ	هَدَفٌ (أَهْدافٌ)
________	شَرِكَةٌ لَيْسَ هَدَفُها المالُ	جَمْعِيَّةٌ خَيْرِيَّةٌ
________	أَعْطى شَيْئًا مِنْ دونِ مُقابِلٍ مادِّيٍّ	تَبَرَّعَ (يَتَبَرَّعُ)

Now match these translations to the key words above. Check your answers in the answer key.

administration • at least • challenge • charity •
goal • resident • to donate • to lose weight

1 مدينة إسبانية تريد أن تفقد 100 ألف كيلو من وزنها في سنتين

2 هُناكَ تَحَدٍّ في بَلْدَةِ **نارونْ** اَلإسْبانيَّةُ أَنْ يُنْقِصَ سُكّانُها مِنْ وَزْنِهِم، كَمَجْموعَةٍ، مِائَةَ أَلْفِ كيلو في غُضونِ سَنَتَيْنِ.

3 تَرْجَمَةُ اسْمِ التَّحَدّي باللُّغَةِ الإِسْبانيَّةِ هِيَ "مِائَةُ أَلْفِ سَبَبٍ لِلْوَزْنِ."

4 بَدَأَ التَّحَدّي في يَنايرَ أَلْفَيْنِ وَثمانِيَةَ عَشَرَ، وَبَعْدَ عامٍ كان النّاسُ قَدْ فَقَدوا مِنْ وَزْنِهِم سِتَّةً وَأَرْبَعينَ أَلْفَ كيلو.

5 يَبْلُغُ عَدَدُ سُكّانِ **نارونْ** تِسْعَةً وَثَلاثينَ أَلْفًا.

6 هَذا يَعْني أَنَّ كُلَّ شَخْصٍ هُناكَ يَجِبُ أَنْ يَفْقِدَ حَوالَيْ كيلو وَنِصْفَ الكيلو في غُضونِ عامَيْنِ لِكَي تَفْقِدَ المَدينَةُ مِائَةَ أَلْفِ كيلو.

7 صَرَّحَتْ إِدارَةُ الصِّحَّةِ أَنَّ هُناكَ خَمْسَةَ عَشَرَ أَلْفَ شَخْصٍ يَحْتاجونَ أَنْ يُنْقِصوا وَزْنَهُم.

8 الهَدَفُ هُوَ أَنْ يَفْقِدَ هَؤُلاءِ الأَشْخاصُ عَلى الأَقَلِّ عَشَرَةً بِالْمِائَةِ مِنْ وَزْنِهِمْ.

9 هُناكَ جَمْعِيَّةٌ خَيْرِيَّةٌ في المَدينَةِ سَتَتَبَرَّعُ بِطَعامٍ أَوِ حَليبٍ لِأَكْثَرِ النّاسِ فَقْرًا في المَدينَةِ مُقابِلَ كُلِّ كيلو يَفْقِدُهُ سُكّانُ المَدينَةِ.

أسئلة الفهم Comprehension Questions

1. ما هُوَ عَدَدُ سُكّانِ مَدينَةِ **نارونْ**؟
2. كَمْ شَخْصًا يَحْتاجُ إنْقاصَ وَزْنِهِ؟
3. ماذا سَتَفْعَلُ الجَمْعِيَّةُ الخَيْرِيَّةُ في المَدينَةِ؟

أسئلة النقاش Discussion Questions

4. ما رَأْيُكَ في هَذا الخَبَرِ؟
5. هَلْ زِيادةُ الوَزْنِ مُشْكِلَةٌ كَبيرَةٌ في بَلْدَتِكَ؟
6. بِرَأْيِكَ، أيُّهُما أَكْثَرُ أَهَمِّيَّةً، الرِّياضَةُ أَمِ الأَكْلُ الصِّحّيِّ؟ لِماذا؟
7. ما هِيَ الأَطْعِمَةُ غَيْرُ الصِّحّيَّةِ الَّتي تَعْشَقُها؟
8. ماذا تَعْرِفُ عَنْ إِسْبانْيا؟

Expressions and Structures تعابير ومركبات

Try to remember the Arabic expressions and structures from the article. Each English translation is followed by four choices, only one of which is correct. Refer back to the article to check your answers.

1. **as a group**

مَجْموعَةٌ مِثْلَ	كَمَجْموعَةٍ
لِمَجْموعَةٍ	كَالْمَجْموعَةِ

2. **every person**

كُلُّ الشَّخْصِ	الأَشْخاصُ كُلُّهُ
كُلُّ شَخْصٍ	الشَّخْصُ كُلُّهُ

3. **one and a half kilograms**

واحِدٌ وَنِصْفُ كيلُوات	كيلو وَنِصْفُ الكيلو
نِصْفُ كيلو	واحِدٌ نِصْفُ كيلو

4. **for the poorest people**

لِأَكْثَرِ النّاسِ فقْرًا	لِناسٍ فقيرَةٍ
لِلنّاسِ أفْقَرَ	لِلنّاسِ الفَقيرَةِ جِدًّا

Key Word Answers

• أَنْقَصَ وَزْنَهُ to lose weight • ساكِنٌ resident • تَحَدٍّ challenge
charity • هَدَفٌ goal • عَلَى الأَقَلِّ at least • إِدارَةٌ adminstration
جَمْعِيَّةٌ خَيْرِيَّةٌ • to donate تَبَرَّعَ

Translation of the Article

1. **Spanish Town Wants to Lose 100,000 Kilos in Two Years**
2. There is There is a challenge in the Spanish municipality of Narón that its residents lose 100,000 kilograms as a group within two years.
3. The translation of the name of the challenge in Spanish is "One Hundred Thousand Reasons for Weight."
4. The challenge started in January 2018, and after a year, people had [already] lost 46,000 kilos.
5. The population of Narón is 39,000.
6. This means that every person there should lose around 1.5 kilos in two years so that the town loses 100,000 kilos.
7. The administration of health has said that there are 15,000 people who need to lose weight in the town.
8. The goal is that these people lose at least 10% of their weight.
9. There is a charity in the town that will donate food or milk to the poorest people in the town for each kilo the residents of the town lose.

Translation of the Questions

1. What is the population of the city of Narón? 2. How many people need to lose weight? 3. What is the charity in the city going to do? 4. What is your opinion about this news? 5. Is weight a big problem in your town? 6. In your opinion, is exercise or eating healthy more important? Why? 7. What is the most unhealthy food that you love? 8. What do you know about Spain?

Answers to Expressions and Structures

1. as a group كَمَجْموعَةٍ

2. every person كُلُّ شَخْصٍ

3. one and a half kilograms كيلو وَنِصْفُ الكيلو

4. for the poorest people لِأَكْثَرِ النّاسِ فقْرًا

Notes

زوجان من ليتوانيا يفوزان في مسابقة "حمل الزوجات"

فاز زوجان من ليتوانيا ببطولة العالم "لحمل الزوجات" في فنلندا سنتين على التوالي. كانت الجائزة وزن الزوجة بيرة.

يشارك الكثير من الرجال وزوجاتهم من العديد من البلدان في المسابقة كل عام في هلسنكي، عاصمة فنلندا.

للفوز، كان على الرجل أن يقفز حاملا زوجته فوق قطع كبيرة من الخشب ويمشي في الماء في دقيقة وحوالي سبع ثوان.

ينص قانون المسابقة على أن تكون المرأة أكبر من 17 سنة ووزنها أكثر من 49 كيلوغراما. لا يجب أن يكون الرجل والمرأة متزوجين بالفعل، بمعنى أن الرجال الذين يرغبون في أن يشاركوا، يمكنهم الذهاب مع أي امرأة.

انتشرت مسابقات حمل الزوجات خارج فنلندا أيضا. فتوجد الآن مسابقات محلية تقام في أستراليا وبولندا وإنكلترا والولايات المتحدة.

7 Lithuanian Couple Wins Wife-Carrying Competition

Key Words الكلمات

Study the key words and their definitions.

Translations	Definitions	Key Words
________	رَبِحَ جائِزَةً	فازَ (يَفوزُ)
________	شَيْءٌ يُمْكِنُ أَنْ تَفوزَ بِهِ	جائِزَةٌ (جَوائِزُ)
________	مُنافَسَةٌ بَيْنَ شَخْصَيْنِ أَوْ أَكْثَرَ لِيَرْبَحوا جائِزَةً	مُسابَقَةٌ
________	ثِقْلٌ:وَزْني سَبْعونَ كيلوغْرامًا.	وَزْنٌ (أَوْزانٌ)
________	أَنْ تَرْفَعَ شَخْصًا أَوْ شَيْئًا مِنْ عَلى الأَرْضِ	حَمْلٌ
________	ضَرَبَ الأَرْضَ بِرِجْلِهِ لِيَصْعَدَ لِأَعْلى	قَفَزَ (يَقْفِزُ)
________	قاعِدَةٌ	قانونٌ (قَوانينُ)
________	حَقًّا	بِالْفِعْلِ
________	أَصْبَحَ جُزْءًا مِنْ شَيْءٍ ما	شارَكَ (يُشارِكُ)
________	مِنَ/ في البَلَدِ؛ لَيْسَ عالَمِيًّا	مَحَلِّيٌّ

Now match these translations to the key words above. Check your answers in the answer key.

carrying • competition • local • prize • really • rule •
to jump • to participate, take part • to win • weight

The Article — المقال

1 زَوْجانِ مِنْ لِيتْوانْيا يَفوزانِ فِي مُسابَقَةِ "حَمْلِ الزَّوْجاتِ"

2 فازَ زَوْجانِ مِنْ لِيتْوانْيا بِبُطولَةِ العالَمِ "لِحَمْلِ الزَّوْجاتِ" فِي فِنْلَنْدا سَنَتَيْنِ عَلى التَّوالي.

3 كانَتِ الجائِزَةُ وَزْنَ الزَّوْجَةِ بيرَةً.

4 يُشارِكُ الكَثيرُ مِنَ الرِّجالِ وَزَوجاتِهِمْ مِنَ العَديدِ مِنَ البُلْدانِ فِي المُسابَقَةِ كُلَّ عامٍ فِي **هِلْسِنْكي**، عاصِمَةِ فِنْلَنْدا.

5 لِلْفَوْزِ، كانَ عَلى الرَّجُلِ أَنْ يَقْفِزَ حامِلاً زَوْجَتَهُ فَوْقَ قِطَعٍ كَبيرَةٍ مِنَ الخَشَبِ وَيَمْشي فِي الماءِ فِي دَقيقَةٍ وَحَوالَيْ سَبْعِ ثَوانٍ.

6 يَنُصُّ قانونُ المُسابَقَةِ عَلى أَنْ تَكونَ المَرْأَةُ أَكْبَرَ مِنْ سَبْعَ عَشْرَةَ سَنَةً وَوَزْنُها أَكْثَرَ مِنْ تِسْعَةٍ وَأَرْبَعينَ كيلوغْرامًا.

7 لا يَجِبُ أَنْ يَكونَ الرَّجُلُ والْمَرْأَةُ مُتَزَوِّجَيْنِ بِالْفِعْلِ،

8 بِمَعْنى أَنَّ الرِّجالَ الَّذينَ يَرْغَبونَ فِي أَنْ يُشارِكوا، يُمْكِنُهُمُ الذَّهابُ مَعَ أَيِّ امْرَأَةٍ.

9 اِنْتَشَرَتْ مُسابقاتُ حَمْلِ الزَّوْجاتِ خارِجَ فِنْلَنْدا أَيْضًا.

10 فَتوجَدُ الآنَ مُسابَقاتٌ مَحَلِّيَّةٌ تُقامُ فِي أَسْتْرالِيا وَبولَنْدا وَإِنْكِلْتِرا والْوِلاياتِ المُتَّحِدَةِ.

Comprehension Questions أسئلة الفهم

1. مِنْ أَيْنَ هُما الرَّجُلُ وَزَوْجَتُهُ اللَّذانِ فازا؟
2. هَلْ يَنُصُّ قانونُ المُسابَقَةِ عَلى وُجوبِ زَواجِ الرَّجُلِ والْمَرْأَةِ بِالْفِعْلِ؟
3. هَلْ تُقامُ مُسابَقاتُ "حَمْلِ الزَّوْجاتِ" في فِنْلَنْدا فَقَطْ؟

Discussion Questions أسئلة النقاش

4. ما رَأْيُكَ في هَذا المَقالِ؟
5. هَلْ يُمْكِنُ أَنْ تُشارِكَ في هَذِهِ المُسابَقَةِ؟ لِماذا؟
6. هَلْ تُحِبُّ أَنْ تَلْعَبَ أَوْ تُشاهَدْ أَيَّ رِياضَةٍ؟
7. مِنْ هوَ أَشْهُرُ رِياضِيٍّ في بَلَدِكَ؟
8. هَلْ زُرْتَ فِنْلَنْدا؟ إِذا كانَ الأَمْرُ كَذَلِكَ، ماذا فَعَلْتَ؟ إِذا لَمْ يَكُنِ الأَمْرُ كَذَلِكَ، هَلْ تَرْغَبُ في الذَّهابِ؟

Expressions and Structures تعابير ومركبات

Try to remember the Arabic expressions and structures from the article. Each English translation is followed by four choices, only one of which is correct. Refer back to the article to check your answers.

1. **two years in a row**

سَنَتَيْنِ عَلى التَّوالي	سَنَتَيْنِ تِلْوَ تِلْوَ
سَنَةٌ بَعْدَ سَنَةٍ	سَنَتَيْنِ البَعْضِ تِلْوَ

2. **they participate in the competition**

يُشارِكونَ المُسابَقَةَ	يُشارِكونَ عَلى المُسابَقَةِ
يُشارِكونَ لِلْمُسابَقَةِ	يُشارِكونَ في المُسابَقَةِ

3. **in order to win (so that they win)**

لِكَيْ لِيَفوزانِ	في الفَوْزِ
لِلْفَوْزِ	على الفَوْزِ

4. **with any woman**

مَعَ أيِّ النِّساءِ	مَعَ أيِّ امْرَأةٍ
مَعَ بَعْضِ النِّساءِ	مَعَ كُلِّ امْرَأةٍ

Key Word Answers

• وَزْنٌ weight • مُسابَقةٌ competition • جائِزةٌ prize • فازَ to win
• بالْفِعْلِ really • قانونٌ rule • قَفَزَ to jump • حَمْلٌ carrying
• مَحَلِّيٌّ local • شارَكَ participate, take part

Translation of the Article

1. **Lithuanian Couple Wins Wife-Carrying Competition**
2. A man and his wife from Lithuania won the world championship of 'wife-carrying' in Finland two years in a row.
3. The prize was the weight of the wife in beer.
4. A lot of men and their wives from many countries participate in the competition every year in Helsinki, the Capital of Finland.
5. To win, the man had to jump carrying his wife over large pieces of wood, and walk in the water in a minute and about seven seconds.
6. The rule of the competition says that a woman has to be older than 17 years old and her weight more than 49 kilos.
7. A man and woman don't have to be actually married,
8. meaning the men who want to participate can go with any woman.
9. Wife-carrying competitions have spread outside Finland, as well.
10. There are now local competitions held in Australia, Poland, England, and the US.

Translation of the Questions

1. Where were the man and his wife who won from? 2. Does the competition's rule state that the man and woman must actually be married? 3. Do 'wife-carrying' competitions only take place in Finland? 4. What is your opinion of this article? 5. Could you take part in this competition? Why (not)? 6. Do you like to play or watch any sport? 7. Who is the most famous athlete in your country? 8. Have you been to Finland? If so, what did you do? If not, would you like to go?

Answers to Expressions and Structures

1. two years in a row سَنَتَيْنِ عَلى التَّوالي
2. they participate in the competition يُشارِكونَ في المُسابَقَةِ
3. in order to win (so that they win) لِلْفَوْزِ
4. with any woman مَعَ أَيِّ امْرَأَةٍ

Notes

Photo by Matt Curnock

افتتاح متحف الفنون تحت الماء في أستراليا

افتتح المتحف الجديد للفنون تحت الماء في أستراليا في الحاجز المرجاني العظيم. يقع المتحف على عمق 18 مترا تحت الماء.

وتوجد في المتحف منحوتات للفنان البريطاني جيسون دي كايرس تايلور، الذي أنشأ أول حديقة منحوتات تحت الماء في غرينادا عام 2006.

الهدف من المتحف الجديد هو أن يهتم الناس بتغير المناخ وحماية الشعاب المرجانية. يتكون المتحف من خامات تساعد المرجان والكائنات البحرية الأخرى على أن تنمو.

ويبلغ وزن أكبر تمثال حوالي 58 طنا. يوجد داخل هذا التمثال مكان يمكن أن تعيش فيه الأسماك والكائنات البحرية الأخرى. هناك أيضا فتحات للسماح للغواصين بالسباحة داخل التمثال.

سيخلق المتحف 182 فرصة عمل، ومن المفترض أن يجلب 50 ألف زائر كل سنة إلى تاونسفيل، المدينة التي يقع فيها المتحف. كما ستكون هناك منحوتات أخرى في المتحف في عام 2021.

8 Museum of Underwater Art Opens in Australia

Key Words الكلمات

Study the key words and their definitions.

Translations	Definitions	Key Words
________	هَيْكَلٌ مُلَوَّنٌ يَتَكَوَّنُ مِنْ حَيَواناتٍ صَغيرَةٍ في الماءِ	حاجِزٌ مَرْجانِيٌّ (حَواجِزُ مَرْجانِيَّةٌ)
________	المَسافَةُ مِنْ سَطْحِ الشَّيْءِ إِلى قاعِهِ	عُمْقٌ (أَعْماقٌ)
________	نَحتٌ: تِمْثالُ الحُرِّيَّةِ في نْيويورْك.	تِمْثالٌ (تَماثيلُ)
________	شَخْصٌ يُقَدِّمُ فَنًّا، مِثْلَ الرَّسْمِ أَوِ الغِناءِ، إلَخ.	فَنّانٌ / فَنّانَةٌ
________	أَحَبَّ وَأَرادَ أَنْ يَعْرِفَ المَزيدَ عَنْ شَيْءٍ ما	اِهْتَمَّ (يَهْتَمُّ) بِـ
________	اِخْتِلافُ دَرَجَةِ الحَرارَةِ، بِسَبَبِ الاِحْتِباسِ الحَرارِيِّ مَثَلًا	تَغَيُّرُ المُناخِ
________	الحِفاظُ عَلى	حِمايَةٌ
________	مادَّةٌ مِثْلُ الخَشَبِ، أَوِ الحَديدِ، أَوِ القُطْنِ، أَوِ البِلاسْتيكِ، إلَخ	خامَةٌ
________	كَبُرَ؛ أَصْبَحَ أَكْبَرَ	نَما (يَنْمو)
________	شَيْءٌ يَعيشُ؛ فيهِ حَياةٌ	كائِنٌ
________	أَنْشَأَ أَوْ أَتاحَ وَظيفَةً	خَلَقَ فُرْصَةَ عَمَلٍ (فُرَصَ عَمَلٍ)

Now match these translations to the key words on the previous page. Check your answers in the answer key.

artist • climate change • coral reef • creature • depth • protection • raw material • sculpture • to become bigger; grow • to care about; take an interest in • to create a job opportunity

The Article المقال

1 اِفْتِتاحُ مُتْحَفِ الفُنونِ تَحْتَ الماءِ في أَسْتُراليا

2 اِفْتُتِحَ المُتْحَفُ الجَديدُ لِلْفُنونِ تَحْتَ الماءِ في أَسْتُرالْيا في الحاجِزِ المَرْجانِيِّ العَظيمِ.

3 يَقعُ المُتْحَفِ عَلى عُمْقِ ثَمانيَةَ عَشَرَ مِتْرًا تَحْتَ الماءِ.

4 وَتوجَدُ في المُتْحَفِ مَنْحوتاتٌ لِلْفَنّانِ البِريطانِيِّ **جيسونْ دي كايْرس تايْلور**، الَّذي أَنْشأَ أَوَّلَ حَديقَةِ مَنْحوتاتٍ تَحْتَ الماءِ في غِرينادا عامَ أَلْفَيْنِ وَسِتَّةٍ.

5 الهَدَفُ مِنَ المُتْحَفِ الجَديدِ هُوَ أَنْ يَهْتَمَّ النّاسُ بِتَغَيُّرِ المُناخِ وَحِمايَةِ الشِّعابِ المَرْجانِيَّةِ.

6 يَتَكَوَّنُ المُتْحَفُ مِنْ خاماتٍ تُساعِدُ المَرْجانَ والْكائِناتِ البَحْرِيَّةَ الأُخْرى عَلى أَنْ تَنْمُوَ.

7 وَيَبْلُغُ وَزْنُ أَكْبَرِ تِمْثالٍ حَوالَيْ ثَمانيَةً وَخَمْسينَ طُنًّا.

8 يوجَدُ داخِلَ هَذا التِّمْثالِ مَكانٌ يُمْكِنُ أَنْ تَعيشَ فيهِ الأَسْماكُ والْكائِناتُ البَحْرِيَّةُ الأُخْرى.

9 هُناكَ أَيْضًا فَتَحاتٌ لِلسَّماحِ لِلْغَوّاصينَ بِالسِّباحَةِ داخِلَ التِّمْثالِ.

10 سَيَخْلُقُ المُتْحَفُ مِائَةً وَاثْنَتَيْنِ وَثَمانينَ فُرْصَةَ عَمَلٍ، وَمِنَ المُفْتَرَضِ أَنْ يَجْلِبَ خَمْسينَ أَلْفَ زائِرٍ كُلَّ سَنَةٍ إِلى **تاوْنْسفيل**، المَدينَةُ الَّتي يَقَعُ فيها المُتْحَفُ.

11 كَما سَتَكونُ هُناكَ مَنْحوتاتٌ أُخْرى في المُتْحَفِ في عامِ أَلْفَيْنِ وَواحِدٍ وَعِشْرينَ.

أسئلة الفهم Comprehension Questions

1. ما اسْمُ المَدينَةِ الَّتي يوجَدُ بِها المُتْحَفُ؟
2. مَنْ صَنَعَ أَوَّلَ حَديقَةِ مَنْحوتاتٍ تَحْتَ الماءِ؟
3. ما هُوَ الهَدَفُ مِنَ المُتْحَفِ؟

أسئلة النقاش Discussion Questions

4. ما رَأْيُكَ بِالْمُتْحَفِ؟
5. هَلْ تَعْرِفُ كَيْفَ تَسْبَحُ أَوْ تَغوصُ؟ إِذا كانَ الأَمْرُ كَذلِكَ، فَمَتى تَعَلَّمْتَ ذَلِكَ، وَلِماذا؟
6. هَلْ سَبَقَ لَكَ أَنْ رَبَّيْتَ أَسْماكًا أَوْ حَيَواناتٍ أَليفَةً؟
7. ماذا تَعْرِفُ عَنْ أُسْتْرالْيا؟
8. هَلْ رَأَيْتَ المَرْجانَ مِنْ قَبْلُ؟ إِذا كانَ الأَمْرُ كَذلِكَ، فَأَيْنَ؟ وَإِذا لَمْ يَكُنِ الأَمْرُ كَذلِكَ، فَهَلْ تَرْغَبُ في ذَلِكَ؟

Expressions and Structures تعابير ومركبات

Try to remember the Arabic expressions and structures from the article. Each English translation is followed by four choices, only one of which is correct. Refer back to the article to check your answers.

1. **The museum is 18 meters underwater.**

يَقعُ المُتْحَفُ عَلى عَميقِ 18 مِتْرًا تَحْتَ الماءِ	وَقعَ المُتْحَفُ عَلى عُمْقِ 18 مِتْرًا تَحْتَ الماءِ
يَقعُ عُمْقُ المُتْحَفِ 18 مِتْرًا تَحْتَ الماءِ	يَقَعُ المُتْحَفُ عَلى عُمْقِ 18 مِتْرًا تَحْتَ الماءِ

2. **in 2006**

عامَ عِشْرين وَسِتّةٍ	عامَ أَلْفَيْنِ وَسِتَّةٍ
عامَ أَلْفَيْنِ وَسِتٌّ	عامَ أَلْفَيْنِ سِتَّةٍ

3. **the museum is made of...**

يَتَكَوَّنُ المُتْحَفُ مِنْ	المُتْحَفُ مُكَوَّنٌ مِنْ
المُتْحَفُ يَكونُ مِنْ	يَكونُ المُتْحَفُ مِنْ

4. **there will be**

سَتَكونُ هُناكَ	سَتَكونونَ هُناكَ
هُناكَ سَتَكونُ	كانَتْ هُناكَ

Answer Key and Translations

الإجابات و الترجمات

Key Word Answers

coral reef حاجِزٌ مَرْجانِيٌّ • depth عُمْقٌ • sculpture تِمْثالٌ • artist فَنّانٌ • to care about; take an interest in اِهْتَمَّ بِـ • climate change تَغَيُّرُ المُناخِ • protection حِمايَةٌ • raw material خامَةٌ • to become bigger; grow نَما • creature كائِنٌ • to create a job opportunity خَلَقَ فُرْصَةَ عَمَلٍ

Translation of the Article

1. **Museum of Underwater Art Opens in Australia**
2. The new Museum of Underwater Art was opened in Australia in the Great Barrier Reef.
3. The museum is 18 meters underwater.
4. There are sculptures in the museum from the British artist Jason deCaires Taylor, who made the first park of underwater sculptures in Grenada in 2006.
5. The goal of the new museum is that people become interested in climate change and the protection of coral reefs.
6. The museum is made of materials that help the coral and other sea animals grow.
7. The weight of the biggest sculpture is about 58 tons.
8. Inside this sculpture, there is a place in which fish and other sea animals can live.
9. There are also openings to allow divers to swim inside of the sculpture.
10. The museum will create 182 job opportunities, and it is supposed to bring 50,000 visitors to Townsville, the city where the museum is located, every year.
11. There will be other sculptures in the museum in 2021.

Translation of the Questions

1. What is the name of the town where the museum is? 2. Who made the first park of underwater sculptures? 3. What is the goal of the museum? 4. What is your opinion of the museum? 5. Do you know how to swim or dive? If so, when did you learn and why? 6.

Have you ever had fish or [other] pets? 7. What do you know about Australia? 8. Have you seen coral before? If so, where? If not, would you like to?

Answers to Expressions and Structures

1. The museum is 18 meters underwater. يَقَعُ المُتْحَفُ على عُمْقِ 18 مِتْرًا تَحْتَ الماءِ
2. in 2006 عامَ أَلْفَيْنِ وَسِتَّةٍ
3. the museum is made of... يَتَكَوَّنُ المُتْحَفُ مِنْ
4. there will be سَتَكونُ هُناكَ

Notes

أطفال أونتاريو سيتعلمون البرمجة وإدارة الميزانيات من سن السادسة

صرح رئيس وزراء أونتاريو، دوج فورد، أن منهج الرياضيات الجديد في أونتاريو، كندا، سيشمل فصولا في مادتي البرمجة وإدارة الميزانية الشخصية، وهذا للتلاميذ من سن السادسة إلى سن الرابعة عشرة.

آخر مرة غير فيها منهج الرياضيات في أونتاريو كانت عام 2005. وصرح وزير التعليم، ستيفن ليتشي، أنه منذ ذلك الوقت، لا يتعلم الكثير من التلاميذ المهارات الَّتي يحتاجونها لاتخاذ القرارات المتعلقة بالرياضيات وإدارة الميزانية الشخصية.

كما قال فورد ما مفاده أن البرمجة وإدارة الميزانية الشخصية سيساعدان الأطفال في العثور على وظائف وفي تحقيق النجاح في حياتهم. وأضاف أيضا أن هناك أشياء كثيرة تغيرت منذ عام 2005، وبالتالي، تحتاج المناهج أيضا إلى التغيير.

9 Ontario Kids to Learn Coding and Finance From Age Six

Key Words — الكلمات

Study the key words and their definitions.

Translations	Definitions	Key Words
______________	قائِدُ حُكومَةٍ: جاسْتِنْ ترودو هُوَ رَئيسُ وُزَراءِ كَنَدا.	رَئيسُ وُزَراءِ (رُؤَساءُ وُزَراءِ)
______________	مَجْموعَةُ دُروسٍ لِلْمُذاكَرَةِ	مَنْهَجٌ (مَناهِجُ)
______________	إِنْشاءُ بَرامِجِ حاسوبٍ	بَرْمَجَةٌ
______________	تَنْظيمُ الشَّخْصِ لِمالِهِ	إدارةُ الميزانِيَّةِ الشَّخْصِيَّةِ
______________	طالِبٌ صَغيرُ السِّنِّ	تِلْميذٌ / تِلْميذَةٌ (تَلاميذُ)
______________	مِنْ حينِها	مُنْذُ ذَلِكَ الوَقْتِ
______________	القُدْرَةُ عَلى فِعْلِ شَيْءٍ بِطَريقَةٍ جَيِّدَةٍ	مَهارَةٌ
______________	تَصَرُّفٌ	قَرارٌ
______________	مُرْتَبِطٌ بِ	مُتَعَلِّقٌ بِ

Now match these translations to the key words above. Check your answers in the answer key.

curriculum • decision • personal finance • prime minister • programming • pupil, student • related to • since then • skill

The Article المقال

1 أَطْفالُ **أونْتارِيو** سَيَتَعَلَّمونَ البَرْمَجَةَ وَإدارَةَ الميزانِيّاتِ مِنْ سِنِّ السّادِسَةِ

2 صَرَّحَ رَئيسُ وُزَراءِ **أونْتارْيو**، **دوجْ فورْدْ**، أنَّ مَنْهَجَ الرِّياضِيّاتِ الجَديدَ في **أونْتارْيو**، كَنَدا، سَيَشْمَلُ فُصولًا في مادَّتَي البَرْمَجَةِ وإدارَةِ الميزانيَّةِ الشَّخْصِيَّةِ، وهَذا لِلتَّلاميذِ مِنْ سِنِّ السّادِسَةِ إلى سِنِّ الرّابِعَةَ عَشْرَةَ.

3 آخِرُ مَرَّةٍ غُيِّرَ فيها مَنْهَجُ الرِّياضِيّاتِ في **أونْتارْيو** كانَتْ عامَ أَلْفَيْنِ وَخَمْسَةٍ.

4 وَصَرَّحَ وَزيرُ التَّعْليمِ، **سْتيفِنْ ليتْشي**، أنَّهُ مُنْذُ ذَلِكَ الوَقْتِ، لا يَتَعَلَّمُ الكَثيرُ مِنَ التّلاميذِ المَهاراتِ الَّتي يَحْتاجونَها لِاتِّخاذِ القَراراتِ المُتَعَلِّقَةِ بالرِّياضِيّاتِ وَإدارَةِ الميزانِيَّةِ الشَّخْصِيَّةِ.

5 كما قالَ **فورْدْ** ما مُفادُهُ أنَّ البَرْمَجَةَ وَإدارةَ الميزانِيَّةِ الشَّخْصِيَّةِ سَيُساعِدانِ الأَطْفالَ في العُثورِ عَلى وَظائِفَ وَفي تَحْقيقِ النَّجاحِ في حَياتِهِم.

6 وَأَضافَ أَيْضًا أَنَّ هُناكَ أَشْياءَ كَثيرَةً تَغَيَّرَتْ مُنْذُ عامِ أَلْفَيْنِ وَخَمْسَةٍ، وَبِالتّالي، تَحْتاجُ المَناهِجُ أَيْضًا إلى التَّغْييرِ.

أسئلة الفهم Comprehension Questions

1. ماذا سَيَتَعَلَّمُ الأَطْفالُ في **أونْتارْيو**؟
2. مَتى كانَتْ آخِرُ مَرَّةٍ تَغَيَّرَ فيها مَنْهَجُ الرِّياضِيّاتِ في **أونْتارْيو**؟
3. مَنْ هُوَ وَزيرُ التَّعْليمِ في **أونْتارْيو**؟

أسئلة النقاش Discussion Questions

4. ما رَأْيُكَ بِفِكْرَةِ المَنْهَجِ الجَديدِ؟
5. هَلْ كُنْتَ جَيِّدًا في الرِّياضِيّاتِ عِنْدَما كُنْتَ في المَدْرَسَةِ؟ ما المَوادُّ الَّتي كُنْتَ تُحِبُّها؟
6. هَلْ تَعْرِفُ البَرْمَجَةَ؟ إِذا كانَ الأَمْرُ كَذَلِكَ، فَكَيْفَ تَعَلَّمْتَها؟ إِذا لَمْ يَكُنِ الأَمْرُ كَذَلِكَ، فَهَلْ تَرْغَبُ في التَّعَلُّمِ؟
7. إِذا كُنْتَ وَزيرًا لِلتَّعْليمِ في بَلَدِكَ، فَما الَّذي سَتُغَيِّرُهُ؟
8. هَلْ تَعْتَقِدُ أَنَّ جَميعَ الأَطْفالِ بِحاجَةٍ إِلى تَعَلُّمِ البَرْمَجَةِ؟

Expressions and Structures تعابير ومركبات

Try to remember the Arabic expressions and structures from the article. Each English translation is followed by four choices, only one of which is correct. Refer back to the article to check your answers.

1. **from the age of six**

مِنْ سِنِّ السِّتَّةِ سِنينَ	مِنْ سِنِّ السّادِسَةِ سَنَواتٍ
مِنْ سِنِّ السّادِسَةِ	مِنَ السّادِسَةِ سِنًّا

2. **since then**

مِنَ الوَقْتِ	مُنْذُ ذَلِكَ الوَقْتِ
مِنْ ساعَةٍ هَذِهِ	مِنْ بَعْدِ هَذا الأَوْقاتِ

3. **so many students**

الكَثيرُ مِنَ التّلاميذِ	تِلْميذاتٌ كَثيرونَ
تَلاميذُ كَثيراتٌ	تَلاميذُ الكَثيرُ

4. **related to**

الْمُتَعَلِّقَةُ لِ	مُعَلَّقَةٌ بِ
الْمُعَلَّقَةُ مِنْ	المُتَعَلِّقَةُ بِ

Answer Key and Translations

الإجابات و الترجمات

Key Word Answers

prime minister رَئيس وُزَراء • curriculum مَنْهَج • programming بَرْمَجَة • personal finance إدارَةُ المِيزانِيَّةِ الشَّخْصِيَّة • pupil, student تِلْميذ • since then مُنْذُ ذَلِكَ الوَقْت • skill مَهارَة • decision قَرار • related to مُتَعَلِّق بِـ

Translation of the Article

1. **Ontario Kids to Learn Coding and Finance From Age Six**
2. The premier of Ontario, Doug Ford, said that the new math curriculum in Ontario, Canada, will include classes in the subjects programming and personal finance, and this is for pupils from the age of six to fourteen.
3. The last time the math curriculum was changed in Ontario was in 2005.
4. The minister of education, Stephen Lecce, says that since that time, there have been so many students not learning the skills that they need to make decisions related to math and personal finance.
5. Ford says that programming and personal finance will help kids find jobs and be successful in their lives.
6. And he added that there are many things that have changed since 2005, and therefore, curriculums need to change, as well.

Translation of the Questions

1. What will children in Ontario be learning? 2. When was the last time that Ontario's math curriculum changed? 3. Who is the minister of eduation in Ontario? 4. What is your opinion on the idea behind the new curriculum? 5. Were you good at math when you were in school? What subjects did you like? 6. Do you know programming? If so, how did you learn it? If not, would you like to? 7. If you were the minister/secretary of education in your country, what would you change? 8. Do you think all children need to learn programming?

Answers to Expressions and Structures

1. from the age of six مِنْ سِنِّ السّادِسَةِ
2. since then مُنْذُ ذَلِكَ الوَقْتِ
3. so many students الكَثيرُ مِنَ التّلاميذِ
4. related to المُتَعَلِّقَةُ بِـ

Notes

مصر تفتح الهرم المنحني للزوار

في 13 يوليو 2019، فتحت مصر هرمين للزوار لأول مرة منذ عام 1965.

صرح وزير الآثار المصري، أنه يمكن للزوار الآن زيارة الهرم المنحني وهرم صغير آخر بجواره في دهشور جنوب القاهرة.

بني الهرم المنحني للملك سنفرو قبل 2600 عام ق.م تقريبا. يختلف شكل الهرم عن باقي الأهرامات الّتي بنيت بعد ذلك. ويختلف شكله بسبب مشاكل ظهرت بعد بنائه.

أما بالنسبة لعدد السياح الذين يزورن مصر، فقد قل منذ سقوط حكومة حسني مبارك في عام 2011. ولكن الحكومة الحالية تعمل جاهدة لكي يزيد عدد الزوار.

ومن المفترض أن يفتتح المتحف المصري الكبير في عام 2021، وسيضم 50 ألف قطعة أثرية فرعونية. استغرق بناء المتحف 10 سنوات وتكلف أكثر من مليار دولار أمريكي.

10 Egypt Opens Bent Pyramid to Visitors

Key Words الكلمات

Study the key words and their definitions.

Translations	Definitions	Key Words
________	مَبْنًى عَلى شَكْلِ مُثَلَّثٍ	هَرَمٌ / أَهْرامات
________	شَخْصٌ يَزورُ شَخْصًا أَوْ مَكانًا	زائِرٌ / زائِرَةٌ (زُوّارٌ)
________	رَئيسُ قِسْمٍ أَساسِيٍّ في الحُكومَةِ	وَزيرٌ / وَزيرَةٌ (وُزَراءُ)
________	أَشْياءُ قَديمَةٌ جِدًّا وَقَيِّمَةٌ جِدًّا	آثارٌ
________	الفِعْلُ المَبْنِيُّ لِلْمَجْهولِ مِنْ "بَنى"	بُنِيَ (يُبْنى)
________	الَّذي تَبَقّى	البَقِيَّةُ
________	بانَ	ظَهَرَ (يَظْهَرُ)
________	أَصْبَحَ أَكْثَرَ	زادَ (يَزيدُ)
________	شَيْءٌ واحِدٌ قَيِّمٌ	قِطْعَةٌ (قِطَعٌ)
________	قَديمٌ جِدًّا وَقَيِّمٌ جِدًّا	أَثَرِيٌّ / أَثَرِيَّةٌ
________	اِحْتاجَ مالًا أَوْ نَحْوَهُ	تَكَلَّفَ (يَتَكَلَّفُ)

Now match these translations to the key words above. Check your answers in the answer key.

ancient • artifact • minister • piece • pyramid • the rest • to appear; to arise • to be built • to cost • to increase • visitor

The Article / المقال

1 مِصْرُ تَفْتَحُ الهَرَمَ المُنْحَنِيَ لِلزُّوّارِ

2 فِي اليَوْمِ الثّالِثَ عَشَرَ مِنْ يوليو أَلْفَيْنِ وَتِسْعَةَ عَشَرَ، فَتَحَتْ مِصْرُ هَرَمَيْنِ لِلزُّوّارِ لِأَوَّلِ مَرَّةٍ مُنْذُ عامِ أَلْفٍ وَتِسْعِمائَةٍ وَخَمْسَةٍ وَسِتّينَ.

3 صَرَّحَ وَزيرُ الآثارِ المِصْرِيُّ، أَنَّهُ يُمْكِنُ لِلزُّوّارِ الآنَ زِيارَةُ الهَرَمِ المُنْحَني وَهَرَمٍ صَغيرٍ آخَرَ بِجِوارِهِ فِي دَهْشورَ جَنوبَ القاهِرَةِ.

4 بُنِيَ الهَرَمُ المُنْحَني لِلْمَلِكِ سِنِفْرو قَبْلَ أَلْفَيْنِ وَسِتِّمائَةِ عامٍ قَبْلَ الميلادِ تَقْريبًا.

5 يَخْتَلِفُ شَكْلُ الهَرَمِ عَنْ باقِي الأَهْراماتِ الَّتي بُنِيَتْ بَعْدَ ذَلِكَ.

6 وَيَخْتَلِفُ شَكْلُهُ بِسَبَبِ مَشاكِلَ ظَهَرَتْ بَعْدَ بِنائِهِ.

7 أَمّا بِالنِّسْبَةِ لِعَدَدِ السُّيّاحِ الَّذينَ يَزورُنَ مِصْرَ، فَقَدْ قَلَّ مُنْذُ سُقوطِ حُكومَةِ حُسْني مُبارَكٍ فِي عامِ أَلْفَيْنِ وَأَحَدَ عَشَرَ.

8 وَلَكِنَّ الحُكومَةَ الحالِيَّةَ تَعْمَلُ جاهِدَةً لِكَيْ يَزيدَ عَدَدُ الزُّوّارِ.

9 وَمِنَ المُفْتَرَضِ أَنْ يُفْتَتَحَ المُتْحَفُ المِصْرِيُّ الكَبيرُ فِي عامِ أَلْفَيْنِ وَواحِدٍ وَعِشْرينَ، وَسَيَضُمُّ خَمْسينَ أَلْفَ قِطْعَةٍ أَثَرِيَّةٍ فِرْعَوْنِيَّةٍ.

10 اِسْتَغْرَقَ بِناءُ المُتْحَفِ عَشْرَ سَنَواتٍ وَتَكَلَّفَ أَكْثَرَ مِنْ مِلْيارِ دولارٍ أَمْريكِيٍّ.

أسئلة الفهم Comprehension Questions

1. كَمْ عَدَدُ الأَهْرامات الَّتي فَتَحَتْها مِصْرُ لِلزُّوّارِ؟
2. لِمَنْ بُنِيَ الهَرَمُ المُنْحَني؟
3. كَمْ تَكَلَّفَ المُتْحَفُ المِصْريُّ الكَبيرُ؟

أسئلة النقاش Discussion Questions

4. ما رَأْيُكَ في فَتْحِ هَذَيْنِ الهَرَمينِ لِلزُّوّارِ؟
5. هَلْ زُرْتَ أَيَّ مَوْقِعٍ أَثَرِيٍّ في مِصْرَ؟
6. هَلْ تُحِبُّ زِيارَةَ المَتاحِفِ؟ لِماذا؟
7. إذا كُنْتَ سَتَسْتَطيعُ العَيْشَ في أيِّ فَتْرَةٍ في التّاريخِ، فَما الفَتْرَةُ الَّتي سَتَخْتارُها؟ وَلِماذا؟
8. هَلْ كُنْتَ تُحِبُّ التّاريخَ في المَدْرَسَةِ؟

Expressions and Structures تعابير ومركبات

Try to remember the Arabic expressions and structures from the article. Each English translation is followed by four choices, only one of which is correct. Refer back to the article to check your answers.

1. **for the first time**

الأَوَّلُ مَرَّةٌ	مَرَّةُ الأولى
لِأَوَّلِ مَرَّةٍ	لِلمَرَّةِ الأولى

2. **since...**

مِنْ	مُنْذُ
مِنَ مُنْذُ السّاعَةِ إنَّ	مِنْ وَقْتٍ

3. **the current government**

الحُكومَةُ الحالِيَّةُ	الْحُكومَةُ حالِيَّةٌ
حُكومَةُ الحاضِرَةِ	حالُ الحُكومَةِ

4. **the museum took ten years to build**

هُدِمَ المُتْحَفُ في عَشْرِ سِنينَ	غَرِقَ المُتْحَفُ عَشْرَ سِنينَ
اِسْتَغْرَقَ بِناءُ مُتْحَفٍ عَشَرَةَ سَنَواتٍ	اِسْتَغْرَقَ بِناءُ المُتْحَفُ عَشْرَ سَنَواتٍ

Answer Key and Translations

الإجابات و الترجمات

Key Word Answers

pyramid هَرَمٌ • visitor زائِرٌ • minister وَزيرٌ • artifacts آثارٌ • to be built بُنِيَ • the rest البَقِيَّةُ • to appear; to arise ظَهَرَ • to increase زادَ • artifact قِطَعَةٌ • ancient أَثَرِيٌّ • to cost تَكَلَّفَ

Translation of the Article

1. **Egypt Opens Bent Pyramid to Visitors**
2. On July 13, 2019, Egypt opened two pyramids to tourists for the first time since 1965.
3. The Egyptian Minister of Antiquities said that visitors can now visit the Bent Pyramid and another small pyramid next to it in Dahshour, south of Cairo.
4. The Bent Pyramid was built around the year 2600 BC for King Sneferu.
5. The shape of the pyramid is different from the rest of the pyramids that were built after that.
6. The shape is different due to problems that arose after it was built.
7. As for the number of tourists who visit Egypt, it has been less since the government of Hosni Mubarak fell in 2011.
8. But the current government is working hard so that the number of visitors increase.
9. The Grand Egyptian Museum is supposed to open in 2021 and will have 50,000 ancient pharaonic artifacts.
10. The museum took ten years to build and cost more than a billion US dollars.

Translation of the Questions

1. How many pyramids did Egypt open? 2. Who was the Bent Pyramid built for? 3. How much did the Grand Egyptian Museum (GEM) cost? 4. What is your opinion on opening these two pyramids to visitors? 5. Have you visited any ancient site in Egypt? 6. Do you like visiting museums? Why (not)? 7. If you could live in any period in history, which period would you choose? And why? 8. Did you like history in school?

Answers to Expressions and Structures

1. for the first time لِأَوَّلِ مَرَّةٍ
2. since... مُنْذُ
3. the current government الحُكومَةُ الحالِيَّةُ
4. the museum took ten years to build اِسْتَغْرَقَ بِناءُ المُتْحَفُ عَشْرَ سَنَواتٍ

Notes

أغلبية الأمريكيين يرغبون في العمل من المنزل

أجرت شركة آي بي آم في أبريل 2020 استفتاءا وجد أن 54٪ من البالغين يفضلون العمل من المنزل بعد أن تنتهي جائحة فيروس كورونا.

وجد الاستفتاء، الذي أجري على 25 ألف بالغ أمريكي، أن أكثر من نصفهم يرغبون في العمل من المنزل معظم الوقت، بينما فضل 75٪ منهم أن يكون لديهم خيار العمل من المنزل من وقت لآخر.

كما سأل الاستفتاء الناس عن رأيهم في النقل العام ووجد أنه قد تغير؛ حيث أجاب أكثر من 20٪ أنهم لن يستخدموا النقل العام.

وأجاب 28٪ أنهم سيستخدمونه بشكل أقل. هذا، وقد أجاب أكثر من نصف البالغين بأنهم سيستخدمون أوبر وليفت أقل من ذي قبل أو لن يستخدموهما على الإطلاق.

11 Most Americans Want to Work From Home

Key Words الكلمات

Study the key words and their definitions.

Translations	Definitions	Key Words
________	دِراسَةٌ تَطْرَحُ أَسْئِلَةً عَلى عَدَدٍ مِنَ النّاسِ	اِسْتِفْتاءٌ
________	نَفَّذَ	أَجْرى (يُجْري)
________	شَخْصٌ راشِدٌ؛ لَيْسَ طِفْلًا	بالِغٌ / بالِغَةٌ
________	أَحَبَّ شَيْئًا أَكْثَرَ مِنْ غَيْرِهِ	فَضَّلَ (يُفَضِّلُ)
________	شَيْءٌ يُمْكِنُ أَنْ تَخْتارَهُ	خِيارٌ
________	وصَل للنِّهايَةِ	اِنْتَهى (يَنْتَهي)
________	نِظامُ الحافِلاتِ، والْقِطاراتِ، إلَخْ. الحُكوميّ	النَّقْلُ العامّ
________	أَصْبَحَ مُخْتَلِفًا	تَغَيَّرَ (يَتَغَيَّرُ)
________	اِسْتَعْمَلَ	اِسْتَخْدَمَ (يَسْتَخْدِمُ)

Now match these translations to the key words above. Check your answers in the answer key.

adult • option • public transportation • survey • to be made • to change • to end • to prefer • to use

The Article | المقال

1 أَغْلَبِيَّةُ الأَمْريكِيّينَ يَرْغبونَ في العَمَلِ مِنَ المَنْزِلِ

2 أَجْرَتْ شَرِكَةُ آيْ بِي آمْ في أَبْريلَ أَلْفَيْنِ وَعِشْرينَ اسْتِفْتاءًا وَجَدَ أَنَّ أَرْبَعَةً وَخَمْسينَ بِالْمِائَةِ مِنَ البالِغينَ يُفَضِّلونَ العَمَلَ مِنَ المَنْزِلِ بَعْدَ أَنْ تَنْتَهِيَ جائِحَةُ فَيْروسِ كورونا.

3 وَجَدَ الِاسْتِفْتاءُ، الَّذي أُجْرِيَ عَلى خَمْسَةٍ وَعِشْرينَ أَلْف بالِغ أَمْريكِيٍّ، أَنَّ أَكْثَرَ مِنْ نِصْفِهِمْ يَرْغَبونَ في العَمَلِ مِنَ المَنْزِلِ مُعْظَمَ الوَقْتِ،

4 بَيْنما فَضَّلَ خَمْسةٌ وَسَبْعونَ بِالْمِائَةِ مِنْهُمْ أَنْ يَكونَ لَدَيْهِمْ خِيارُ العَمَلِ مِنَ المَنْزِلِ مِنْ وَقْتٍ لِآخَر.

5 كَما سَأَلَ الِاسْتِفْتاءُ النّاسَ عَنْ رَأْيِهِمْ في النَّقْلِ العامِّ وَوَجَدَ أَنَّهُ قَدْ تَغَيَّرَ؛

6 حيثُ أَجابَ أَكْثَرُ مِنْ عِشْرينَ بِالْمِائَةِ أَنَّهُمْ لَنْ يَسْتَخْدِموا النَّقْلَ العامَّ.

7 وَأَجابَ ثَمانيَةٌ وَعِشْرونَ بِالْمِائَةِ أَنَّهُمْ سَيَسْتَخْدِمونَهُ بِشَكْلٍ أَقَلَّ.

8 هَذا، وَقَدَ أَجابَ أَكْثَرُ مِنْ نِصْفِ البالِغينَ بِأَنَّهُمْ سَيَسْتَخْدِمونَ أوبَر وَليفْتْ أَقَلَّ مِنْ ذي قَبْلَ أَوْ لَنْ يَسْتَخْدِموهُما عَلى الإِطْلاقِ.

أسئلة الفهم Comprehension Questions

1. أَكْثَرُ مِنْ نِصْفِ الأَمْريكِيِّينَ لا يُريدونَ العَمَلَ مِنَ المَنْزِلِ. صَحيحٌ أَمْ خَطأٌ؟
2. كَمْ عَدَدُ الأَشْخاصِ الَّذينَ أُجْرِيَ الِاسْتِفْتاءِ عَلَيْهِمْ؟
3. هَلْ تَغَيَّرَ رَأْيُ النّاسِ في النَّقْلِ العامِّ؟

أسئلة النقاش Discussion Questions

4. أَيُّهُما أَفْضَلُ بِالنِّسْبَةِ لَكَ؟ العَمَلُ في المَنْزِلِ أَمْ خارِجَهُ؟ لِماذا؟
5. هَلْ توجَدُ مَشاكِلُ في النَّقْلِ في بَلَدِكَ؟ إِذا كانَ الأَمْرُ كَذٰلِكَ، فَما هوَ الحَلُّ بِرَأْيِكَ؟
6. إِذا كُنْتَ مُديرًا لِشَرِكَةٍ، فَهَلْ سَتَسْمَحُ لِلْمُوَظَّفينَ بِالْعَمَلِ مِنَ المَنْزِلِ؟ لِماذا / لِمَ لا؟
7. ما الَّذي يُعْجِبُكَ وَ ما الَّذي لا يُعْجِبُكَ في عَمَلِكَ؟
8. إِذا كُنْتَ سَتَخْتارُ الحُصولَ عَلى أَيِّ وَظيفَةٍ أُخْرى [غَيْرَ الوَظيفَةِ الَّتي لَدَيْكَ]، فَماذا سَتَعْمَلُ؟

Expressions and Structures تعابير ومركبات

Try to remember the Arabic expressions and structures from the article. Each English translation is followed by four choices, only one of which is correct. Refer back to the article to check your answers.

1. **IBM conducted a survey**

أَجْرَتْ شَرِكَةُ آيْ بي آمْ اِسْتِفْتاءًا	أُجْرِيَ على شَرِكَةِ آيْ بي آمْ اِسْتِفْتاءٌ
جَرَت شَرِكَةُ آيْ بي آمْ اِسْتِفْتاءًا	تاجَرَتْ شَرِكَةُ آيْ بي آمْ في اسْتِفْتاءٍ

2. **most of the time**

أَعْظَمُ الوَقْتِ	الْوَقْتِ المُعْظَمِ
مُعَظَّمٌ مِنَ الوَقْتِ	مُعْظَمُ الوَقْتِ

3. **asked people about**

سَأَلَ النّاسَ لِ	سَأَلَ لِلنّاسِ عَنْ
سَأَلَ النّاسَ عَنْ	سَأَلَ النّاسَ بِ

4. **not... at all**

لَنْ... عَلى الإِطْلاقِ	لَنْ... لِلْإِطْلاقِ
لَنْ... عَنِ الإِطْلاقِ	عَلى الإِطْلاقِ... لَمّا

Answer Key and Translations

الإجابات و الترجمات

Key Word Answers

survey اِسْتِفْتاءٌ • to be made أَجْرى • adult بالِغٌ • to prefer فَضَّلَ • option خِيارٌ • to end اِنْتَهى • public transportation النَّقْلُ العامّ • to change تَغَيَّرَ • to use اِسْتَخْدَمَ

Translation of the Article

1. **Most Americans Want to Work From Home**
2. A survey from {the company} IBM in April 2020 found that 54% of adults prefer to work from home after the coronavirus pandemic ends.
3. The survey, which was conducted on 25,000 American adults, found that more than half of them want to work from home most of the time,
4. whereas 75% of them preferred to have the option to work from home from time to time.
5. The survey also asked people about their opinion on transportation and found that it had changed.
6. More than 20% said they would not use public transportation,
7. and 28% said they would use it less often.
8. More than half of adults said that they would use Uber and Lyft less than before or would not use them at all.

Translation of the Questions

1. More than half of Americans don't want to work from home. True or false? 2. How many people was the survey made on? 3. Has people's opinion of public transportation changed? 4. Which is better for you, working at home or outside the home? Why? 5. Are there transportation problems in your country? If so, what do you think is the solution? 6. If you were the manager of a company, would you let employees work from home? Why (not)? 7. What do you like and not like about your job? 8. If you were to choose to have any other job [than the one you have], what would you do?

Answers to Expressions and Structures

1. IBM conducted a survey جَرَت شَرِكَةُ آيْ بي آمْ اِسْتِفْتاءًا
2. most of the time مُعْظَمُ الوَقْتِ
3. asked people about سَأَلَ النّاسَ عَنْ
4. not... at all لَنْ... عَلى الإِطْلاقِ

Notes

خاصية شورتس على يوتيوب ستنافس تيكتوك

هناك أخبار أن يوتيوب يعمل الآن على خاصية جديدة اسمها شورتس لينافس بها تيك توك.

يمكن للأشخاص تصوير مرئيات (مقاطع فيديو) مدتها 15 ثانية على تيك توك.

ثمانون بالمائة من أولئك الذين يستخدمون تيك توك في الولايات المتحدة تتراوح أعمارهم بين 16 و34 عاما.

بدأ تيك توك في الصين عام 2016،

ويستخدمه أكثر من مليار شخص كل شهر.

ولكن هناك مليارا شخص يستخدمون يوتيوب شهريا، ولهذا يمكنه أن ينافس تيك توك.

في أبريل 2019 عشر، ذكرت جريدة التلغراف أن المعلنين كانوا يدفعون للناس ما بين 600 إلى 1000 دولار لكل منشور إذا كان لديهم ما بين مليون ومليوني متابع على تيك توك. يتراوح سعر المنشور المماثل على إنستغرام بين 10 آلاف دولار و12 ألف دولار.

12 'Shorts' Feature on YouTube to Compete With TikTok

Key Words الكلمات

Study the key words and their definitions.

Translations	Definitions	Key Words
______________	مَيْزَةٌ	خاصِّيَّةٌ
______________	أَرادَ أَنْ يَكونَ أَفْضَلَ مِنْ غَيْرِهِ	نافَسَ (يُنافِسُ)
______________	شَخْصٌ أَوْ شَرِكَةٌ تَدْفَعُ مالًا لِكَيْ يَراها النّاسُ	مُعْلِنٌ / مُعْلِنَةٌ
______________	مَقالٌ أَوْ صورَةٌ أَوْ مَرْئِيَّةٌ تُنْشَرُ عَلى الإِنْتَرْنِت	مَنْشورٌ
______________	شَخْصٌ يُتابِعُ شَخْصًا عَلى وَسائِلِ التَّواصُلِ الاجْتِماعِيِّ	مُتابِعٌ / مُتابِعَةٌ
______________	ثَمَنٌ	سِعْرٌ

Now match these translations to the key words above. Check your answers in the answer key.

feature • follower • post • price; value •
sponsor; advertiser • to compete

The Article　　　　المقال

1 خاصّيَّةُ **شورْتْس** عَلى يوتْيوبْ سَتُنافِسُ **تيكْتوكْ**

2 هُناكَ أَخْبارٌ أَنَّ **يوتْيوبْ** يَعْمَلُ الآنَ عَلى خاصِيَّةٍ جَديدَةٍ اِسْمُها شورْتْسْ لِيُنافِسَ بِها **تيكْ توكْ**.

3 يُمْكِنُ لِلْأَشْخاصِ تَصْويرُ مَرْئِيّاتٍ (مَقاطِعَ فيدْيو) مُدَّتُها خَمْسَ عَشْرَةَ ثانِيَةٍ عَلى **تيكْ توكْ**.

4 ثَمانونَ بِالمِائَةِ مِنْ أولَئِكَ الَّذينَ يَسْتَخْدِمونَ تيكْ توكْ فِي الوِلاياتِ المُتَّحِدَةِ تَتَراوَحُ أَعْمارُهُمْ بَيْنَ سِتَّةَ عَشَرَ وَأَرْبَعَةٍ وَثَلاثينَ عامًا.

5 بَدَأَ **تيكْ توكْ** فِي الصّينِ عامَ أَلْفَيْنِ وَسِتَّةَ عَشَرَ، وَيَسْتَخْدِمُهُ أَكْثَرُ مِنْ مِلْيارِ شَخْصٍ كُلَّ شَهْرٍ.

6 وَلَكِنْ هُناكَ مِلْيارا شَخْصٍ يَسْتَخْدِمونَ **يوتْيوبْ** شَهْرِيًّا، وَلِهَذا يُمْكِنُهُ أَنْ يُنافِسَ **تيكْ توكْ**.

7 فِي أَبْريلَ أَلْفَيْنِ وَتِسْعَةَ عَشَرَ، ذَكَرَتْ جَريدَةُ **التَّلِّغْرافِ** أَنَّ المُعْلِنينَ كانوا يَدْفَعونَ لِلنّاسِ ما بَيْنَ سِتِّ مِائَةٍ إِلى أَلْفِ دولارٍ لِكُلِّ مَنْشورٍ إِذا كانَ لَدَيْهِمْ ما بَيْنَ مِلْيونَ وَمِلْيونَيْ مُتابِعٍ عَلى **تيكْ توكْ**.

8 يَتَراوَحُ سِعْرُ المَنْشورِ المُماثِلِ عَلى **إِنْستَغْرامْ** بَيْنَ عَشَرَةِ آلافِ دولارٍ وَاثْنَيْ عَشَرَ أَلْفَ دولارٍ.

أسئلة الفهم Comprehension Questions

1. كَم عَدَدُ الأَشْخاصِ الَّذينَ يَسْتَعْمِلونَ **تيكْ توكْ** كُلَّ شَهْرٍ؟
2. هَلْ مُعْظَمُ الَّذينَ يَسْتَخْدِمونَ **تيكْ توكْ** مِنَ الشَّبابِ؟
3. لِماذا يُريدُ **يوتْيوبْ** إِنْشاءَ مَيْزَةِ **شورْتْسْ**؟

أسئلة النقاش Discussion Questions

4. ما رَأْيُكَ فِي خاصِّيَّةِ شورْتْسْ؟
5. هَلْ لَدَيْكَ حِسابٌ **تيكْ توكْ**؟ ما رَأْيُكَ فيهِ؟
6. ماذا تُحِبُّ أَنْ تُشاهِدَ عَلى الانْتَرْنَتْ؟
7. هَلْ تُريدُ أَنْ تُصْبِحَ مَشْهورًا؟ لِماذا؟
8. هَلْ أَنْتَ شَخْصٌ مُحِبٌّ المُنافَسَةَ؟

Expressions and Structures تعابير ومركبات

Try to remember the Arabic expressions and structures from the article. Each English translation is followed by four choices, only one of which is correct. Refer back to the article to check your answers.

1. **a feature called "Shorts"**

خُلاصَةٌ جَديدَةٌ اِسْمُها شورْتْسْ	خاصِيَّةٌ جِديدَةٌ مُسَمّى شورْتْسْ
خاصِيَّةً جَديدَةً يُسَمّى شورْتْسْ	خاصِيَّةً جَديدَةٍ اسْمُها شورْتْسْ

2. **more than a billion people**

أَكْثَرَ مِنْ مِلْيارِ أَشْخاصٍ	الأَكْثَرَ مِنْ مِلْيارِ شَخْصٍ
أَكْثَرَ مِنْ مِلْيارِ شُخوصٍ	أَكْثَرَ مِنْ مِلْيارِ شَخْصٍ

3. **every month**

كُلَّ الشَّهْرِ	كُلَّ الأَشْهُرِ
شَهْرِيًّا	كُلَّ شَهْرِيًّا

4. **on TikTok**

عن تيكْ توكْ	فوْق تيكْ توكْ
على تيكْ توكْ	مِنْ تيكْ توكْ

Answer Key and Translations

الإجابات و الترجمات

Key Word Answers

• feature خاصّيّة • to compete نافَسَ • sponsor; advertiser مُعْلِنٌ • post مَنْشورٌ • follower مُتابِعٌ • price; value سِعْرٌ

Translation of the Article

1. 'Shorts' Feature on YouTube to Compete With Tiktok
2. {There is news that} YouTube is now working on a new feature called 'Shorts' to compete with TikTok.
3. People can make 15-second videos on TikTok.
4. Eighty percent of those who use TikTok in the US are between 16 and 34 years old.
5. TikTok started in China in 2016, and more than a billion people use it every month.
6. But there are two billion people who use YouTube every month, and that's why it can compete with TikTok.
7. In April 2019, The Telegraph said that advertisers were paying people $600-$1000 per post if they had between one and two million followers on Tiktok.
8. The price of such a post on Instagram is between $10,000 and $12,000.

Translation of the Questions

1. How many monthly users does TikTok have? 2. Are the majority of those who use TikTok young people? 3. Why does YouTube want to make a "Shorts" feature? 4. What is your opinion of the "Shorts" feature? 5. Do you have TikTok? What is your opinion of it? 6. What do you like to watch on the internet? 7. Would you like to be famous? Why (not)? 8. Are you a competitive person?

Answers to Expressions and Structures

1. a feature called "Shorts" خاصِيَّةً جَديدَةً يُسَمّى شورْتْس
2. more than a billion people أَكْثَرَ مِنْ مِلْيارِ شَخْصٍ
3. every month شَهْرِيًّا
4. on TikTok على تيكْ توكْ

Notes

ج. ك رولينغ تنشر كتابا جديدا عبر الإنترنت مجانا

نشرت جي كي رولينغ قصة جديدة بعنوان ذي إيكابوج، والتي ستكون مجانية على الإنترنت لتسلي عن الأطفال والعائلات الماكثين في المنزل.

ذكرت كاتبة هاري بوتر أنها كتبت هذه القصة قبل 10 سنوات لتكون قصة ما قبل النوم لأطفالها. تدور أحداث القصة في أرض خيالية. والقصة مخصصة للأطفال الذين تتراوح أعمارهم بين 7 و9 سنوات.

وقالت رولينغ على موقعها الإلكتروني:

"هذه القصة ليست هاري بوتر، ولا تتضمن سحرا... هذه قصة مختلفة تماما."

وطلبت رولينغ من الأطفال إرسال رسوماتهم، مع احتمالية أن تظهر رسوماتهم على النسخة الورقية من الكتاب.

سينشر الكتاب في نوفمبر. كما ذكرت رولينغ أنها ستتبرع بكل الأموال الّتي ستأتي من المبيعات لمساعدة أولئك الذين تضرروا من جائحة فيروس كورونا.

13 J.K. Rowling Releases Free New Book Online

Key Words الكلمات

Study the key words and their definitions.

Translations	Definitions	Key Words
________	جعَلَ النّاسَ قادِرينَ عَلى رُؤْيَةِ كِتابٍ أَوْ أيِّ مَنْشورٍ	نَشَرَ (يَنْشُرُ)
________	حِكايَةٌ	قِصّةٌ (قِصَصٌ)
________	بِدونِ مُقابِلٍ مادِيٍّ	مَجّانِيٌّ
________	رَفَّهَ عَنْ شَخْصٍ	سَلّى (يُسَلّي)
________	غَيْرُ حَقيقِيٍّ	خَيالِيٌّ
________	قُوَّةٌ خارِقَةٌ تُمَكِّنُ مِنْ تَغْييرِ الأَشْياءِ	سِحْرٌ
________	صورَةٌ مَرْسومَةٌ بِالْيَدِ	رَسْمٌ (رُسوماتٌ)
________	بانَ	ظَهَرَ (يَظْهَرُ)
________	المَبْنِيُّ لِلْمَجْهولِ مِنْ "نَشَرَ"	نُشِرَ (يُنْشَرُ)
________	أَعْطى شَيْئًا مِنْ دونِ مُقابِلٍ مادِّيٍّ	تَبَرَّعَ (يَتَبَرَّعُ)

Now match these translations to the key words above. Check your answers in the answer key.

drawing; painting • fictional • free (of cost) • imaginative story; children's story, fairy tale • magic • to appear • to be published • to donate • to entertain • to publish

The Article المقال

1 **ج. ك رولينْغ** تَنْشُرُ كِتابًا جَديدًا عَبرَ الإنْتَرنِتْ مَجّانًا

2 نَشَرَتْ **ج. ك رولينْغ** قِصَّةً جَديدَةً بِعُنْوانِ ذي **إيكابوجْ**، وَالّتي سَتكونُ مَجّانِيَّةً عَلى الإنْتَرنِتْ لِتُسَلّيَ عَنِ الأَطْفالِ وَالعائِلاتِ الماكِثينَ في المَنْزِلِ.

3 ذَكَرَت كاتِبَةُ **هاري بوتَرْ** أَنَّها كَتَبَتْ هَذِهِ القِصَّةَ قَبْلَ عَشْرِ سَنَواتٍ لِتَكونَ قِصَّةَ ما قَبْلَ النَّوْمِ لِأَطْفالِها.

4 تَدورُ أَحْداثُ القِصَّةِ في أَرْضٍ خَيالِيَّةٍ.

5 وَالقِصَّةُ مُخَصَّصَةٌ لِلْأَطْفالِ الّذينَ تَتَراوَحُ أَعْمارُهُمْ بَيْنَ سَبْعِ وَتِسْعِ سَنَواتٍ.

6 وَقالَتْ **رولينْغ** عَلى مَوْقِعِها الإلِكْترونِيِّ:"هَذِهِ القِصَّةُ لَيْسَتْ **هاري بوتَرْ**، وَلا تَتَضَمَّنُ سِحْرًا... هَذِهِ قِصَّةٌ مُخْتَلِفَةٌ تَمامًا".

7 وَطَلَبَتْ **رولينْغ** مِنَ الأَطْفالِ إِرْسالَ رُسوماتِهِمْ، مَعَ احْتِمالِيَّةِ أَنْ تَظْهَرَ رُسوماتُهُمْ عَلى النُّسْخَةِ الوَرَقِيَّةِ مِنَ الكِتابِ.

8 سَيُنْشَرُ الكِتابُ في نوفَمْبِرَ.

9 كَما ذَكَرَتْ **رولينْغ** أَنَّها سَتَتَبَرَّعُ بِكُلِّ الأَمْوالِ الّتي سَتَأْتي مِنَ المَبيعاتِ لِمُساعَدَةِ أولَئِكَ الّذينَ تَضَرَّروا مِنْ جائِحَةِ فَيْروسِ كورونا.

أسئلة الفهم Comprehension Questions

1. بِأَيِّ سِعْرٍ سَتُنْشَرُ القِصَّةُ عَلى الإِنْتَرْنِتْ؟
2. ما عَلاقَةُ ذي **إيكابوجْ بِهاري بوتَرْ**؟
3. لِماذا كَتَبَتْ **رولينْجْ** هَذِهِ القِصَّةَ؟

أسئلة النقاش Discussion Questions

4. ما رَأْيُكَ فِي القِصَّةِ الجَديدَةِ؟
5. هَلْ تُحِبُّ **هاري بوتَرْ**؟ إِذا كانَ الأَمْرُ كَذَلِكَ، هَلْ تُفَضِّلُ الكُتُبَ أَمْ الأَفْلامَ؟ إِذا لَمْ يَكُنْ الأَمْرُ كَذَلِكَ، فَلِماذا؟
6. هَلْ تُحِبُّ القِراءَةَ؟ لِماذا؟
7. ما هُوَ الشَّيْءُ الذي كانَ مُفضَّلًا لَدَيْكَ عِنْدَما كُنْتَ طِفْلًا؟
8. إِذا كُنْتَ سَتَكْتُبُ كِتابًا لِلْأَطْفالِ، فَما الَّذي سَتَكْتُبُ عَنْهُ؟

Expressions and Structures تعابير ومركبات

Try to remember the Arabic expressions and structures from the article. Each English translation is followed by four choices, only one of which is correct. Refer back to the article to check your answers.

1. **the story is made for kids**

تَخَصَّصَت القِصَّةُ لِلْأَطفال

القِصَّةُ مُخَصَّصَةٌ لِلْأَطْفالِ

تَخَصَّصَ الأَطْفالُ في القِصَّةِ

تَخْصيصُ القِصَّةِ لِلْأَطفال

2. **an entirely different story**

قِصَّةٌ مُخْتَلِفَةٌ تَمامًا

قِصَّةٌ شَبيهَةٌ

قِصَّةٌ لَيْسَتْ شَبيهَةً تَمامًا

قِصَّةٌ مُخْتَلِفَةٌ تامًّا

3. **she asked children to...**

طَلَبَتْ مِنَ الأَطْفالِ لِكَيْ

طَلَبَتْ مِنَ الأَطْفالِ إنْ

طَلَبَتْ مِنَ الأَطْفالِ حَتّى

طَلَبَتْ مِنَ الأَطْفالِ أَنْ

4. **she will donate all of the money**

سَتَتَبَرَّعُ مِنَ الأَمْوالِ

سَتَتَبَرَّعُ الأَمْوالَ

سَتَتَبَرَّعُ بِكُلِّ الأَمْوالِ

سَتَبَرَّعُ بِكُلِّ الأَمْوالِ

Answer Key and Translations

الإجابات و الترجمات

Key Word Answers

to publish نَشَرَ • story قِصَّةٌ • free (of cost) مَجّانِيٌّ • to entertain سَلَّى • imaginary, fictional خَيالِيٌّ • magic سِحْرٌ • drawing; painting رَسْمٌ • to appear ظَهَرَ • to be published نُشِرَ • to donate تَبَرَّعَ

Translation of the Article

1. **J.K. Rowling Releases Free New Book Online**
2. J.K. Rowling J.K. Rowling has published a new story called The Ickabog, which will be free online to entertain kids and families who are staying home [during the pandemic].
3. The writer of Harry Potter said that she wrote this story ten years ago to be a bedtime story for her kids.
4. The story takes place in an imaginary land.
5. And the story is made for kids who {whose ages} are from seven to nine years old.
6. Rowling wrote on her website, "This is not Harry Potter, and it does not include magic... This is an entirely different story."
7. Rowling also asked kids to send their drawings, and there is a chance that their drawings appear on the paperback version of the book.
8. The book will be published in November.
9. Rowling said she would donate all the money that will come from the sales to help those who have been harmed by the coronavirus pandemic.

Translation of the Questions

1. How much [at what price] will the story be published online for? 2. What is the relationship/connection between The Ickabog and Harry Potter [stories]? 3. Why did Rowling write this story? 4. What do you think about the new story? 5. Do you like Harry Potter? If so, do you like the books better or the movies? If not, why [not]? 6. Do you like reading? Why (not)? 7. What was your favorite thing to do when you were a kid? 8. If you were going to write a book for children, what would you write about?

Answers to Expressions and Structures

1. the story is made for kids تَخْصيصُ القِصَّةِ لِلْأَطْفال

2. an entirely different story قِصَّةٌ مُخْتَلِفَةٌ تَمامًا

3. she asked children to... طَلَبَتْ مِنَ الأَطْفالِ أَنْ

4. she will donate all of the money سَتَتَبَرَّعُ بِكُلِّ الأَمْوالِ

Notes

قارب ودراجة ومنزل في وقت واحد

صنعت شركة زلتيني وسيلة نقل تمشي على الأرض والماء، كما أن فيها مكانا للنوم.

الزي تريتون عبارة عن قارب ودراجة ومنزل صغير جدا في وقت واحد. أعلنت الشركة أنها يمكن أن تستعمل في الرحلات الطويلة والقصيرة، وأن فيها مكانا لشخصين.

يبلغ طول الزي تريتون 3.6 م ويبلغ عرضها 1.2 م. سيكون ثمنها بين 8 آلاف دولار و10 آلاف دولار.

يمكن للناس شراء واحدة جاهزة أو صنع واحدة بأنفسهم.

كان صاحب شركة زلتيني قد سافر بدراجته لمسافة 30 ألف كيلومتر من لندن إلى طوكيو في أكثر من أربع سنوات، لكنه لم يكن يحب النوم في خيمة ولم يكن يستطيع عبور الماء بالدراجة فقط. لهذا السبب، قرر أن يصنع الزي تريتون، والتي تستخدم أيضا الطاقة الشمسية لتكون صديقة للبيئة.

14 Boat, Bike and House at the Same Time

Key Words

الكلمات

Study the key words and their definitions.

Translations	Definitions	Key Words
__________	أيُّ شَيْءٍ يُمْكِنُ لِلْإنْسانِ التَّنَقُّلُ عَلَيْهِ مِنْ مَكانٍ لِآخَرَ	وَسيلَةُ نَقْلٍ (وَسائِلُ نَقْلٍ)
__________	المَبْنِيُّ لِلْمَجْهولِ مِنْ "اِسْتَعْمَلَ"	اِسْتُعْمِلَ (يُسْتَعْمَلُ)
__________	الضِّلْعُ الأَطْوَلُ مِنْ ضِلْعَيْنِ أَوْ ثَلاثَةٍ مِنْ شَكْلٍ هَنْدَسِيٍّ	طولٌ
__________	الضِّلْعُ الأَقْصَرُ مِنْ ضِلْعَيْنِ أَوْ ثَلاثَةٍ مِنْ شَكْلٍ هَنْدَسِيٍّ	عَرْضٌ
__________	يُمْكِنُ اسْتِعْمالُهُ عَلى الفَوْرِ	جاهِزٌ
__________	كانَ قادِرًا عَلى فِعْلِ شَيْءٍ ما	اِسْتَطاعَ (يَسْتَطيعُ)
__________	ذَهَبَ مِنْ ناحِيَةٍ إِلى أُخْرى	عَبَرَ (يَعْبُرُ)
__________	الطَّبيعَةُ	البيئَةُ

Now match these translations to the key words above. Check your answers in the answer key.

length • means of transport • ready • the environment • to be able to • to be used • to cross • width

The Article المقال

1 قاربٌ وَدَرّاجَةٌ وَمَنْزِلٌ في وَقْتٍ واحِدٍ

2 صَنَعَتْ شَرِكَةُ **زِلْتيني** وَسيلَةَ نَقْلٍ تَمْشي عَلى الأَرْضِ والْماءِ، كَما أَنّ فيها مَكانًا لِلنَّوْمِ.

3 **الزّي تْريتونْ** عِبارَةٌ عَنْ قارِبٍ وَدَرّاجَةٍ وَمَنْزِلٍ صَغيرٍ جِدًّا في وَقْتٍ واحِدٍ.

4 أَعْلَنَت الشَّرِكَةُ أَنَّها يُمْكِنُ أَنْ تُسْتَعْمَلَ في الرِّحَلاتِ الطَّويلَةِ وَالْقَصيرَةِ، وَأَنّ فيها مَكانًا لِشَخْصَيْنِ.

5 يَبْلُغ طولُ **الزّي تْريتونْ** ثَلاثَةَ أَمْتارٍ فاصِل سِتَّةٍ وَيَبْلُغُ عَرْضُها مِتْرًا فاصِل اثْنينِ.

6 سَيَكونُ ثَمَنُها بَيْنَ ثَمانيَةِ آلافِ دولارٍ وَعَشَرَةِ آلافِ دولارٍ.

7 يُمْكِنُ لِلنّاسِ شِراءُ واحِدَةٍ جاهِزَةٍ أَوْ صُنْعُ واحِدَةٍ بِأَنْفُسِهِمْ.

8 كانَ صاحِبُ شَرِكَةِ **زِلْتيني** قَدْ سافَرَ بِدَرّاجَتِهِ لِمَسافَةِ ثَلاثينَ أَلْفَ كيلومِتْرٍ مِنْ **لَنْدَنْ** إِلى **طوكْيو** في أَكْثَرَ مِنْ أَرْبَعِ سَنَواتٍ،

9 لَكِنَّهُ لَمْ يَكُنْ يُحِبُّ النَّوْمَ في خَيْمَةٍ وَلَمْ يَكُنْ يَسْتَطيعُ عُبورَ الماءِ بِالدَّرّاجَةِ فَقَطْ.

10 لِهَذا السَّبَبِ، قَرَّرَ أَنْ يَصْنَعَ **الزّي تْريتونْ**، وَالَّتي تَسْتَخْدِمُ أَيْضًا الطّاقَةَ الشَّمْسيَّةَ لِتَكونَ صَديقَةً لِلْبيئَةِ.

أسئلة الفهم Comprehension Questions

1. بِكَمِ **الزّي تْريتون**؟
2. هَلْ يُمْكِنُ لِشَخْصٍ أَنْ يَنامَ في **الزّيِّ تْريتونْ**؟
3. لِماذا قَرَّرَ مالِكُ زِلِّتيني صُنْعَ **الزّي تْريتونْ**؟

أسئلة النقاش Discussion Questions

4. ما رَأْيُكَ في **الزّي تْريتونْ**؟
5. هَلْ تُفَكِّرُ في شِراءِ **الزّي تْريتونْ**؟ لِماذا؟
6. هَلْ أَنْتَ شَخْصٌ مُغامِرٌ؟
7. ما هِيَ وَسيلَةُ النَّقْلِ المُفَضَّلَةُ لَدَيْكَ؟
8. هَلْ تَعْتَقِدُ أَنَّ كُلَّ شَيْءٍ في المُسْتَقْبَلِ سَيَسْتَخْدِمُ الطّاقَةَ الشَّمْسِيَّةَ؟ لِماذا تَظُنُّ ذَلِكَ؟

Expressions and Structures تعابير ومركبات

Try to remember the Arabic expressions and structures from the article. Each English translation is followed by four choices, only one of which is correct. Refer back to the article to check your answers.

1. **The Zeltini company**

شَرِكَةُ مِنْ زِلْتيني	الزِلْتيني شَرِكَةٌ
شَرِكَةُ زِلْتيني	شَرِكَةُ لِزِلْتيني

2. **it can accommodate two people**

فيها مَكانٌ لِاثْنانِ مِنَ الأَشْخاصِ	فيها مَكانٌ لِشخْصَيْنِ
فيها مَكانَيْنِ لِلْأَشْخاصِ	فيها مَكانَةٌ لِشخْصَيْنِ

3. **3.6 (three point six)**

ثَلاثَةُ أَمْتارٍ فاصِلُ سِتَّةٌ	ثَلاثَةُ مِتْرَيْنِ فاصِلُ سِتَّةٌ
ثَلاثَةُ أَمْتارٍ فَواصِلُ سِتَّةٍ	ثُلُثُ أَمْتارٍ فاصِلُ سِتَّةٌ

4. **he decided to make**

قَرَّرَ لِكَيْ يَصْنَعَ	قَرَّرَ أَنْ يَصْنَعَ
قَرَّرَ إِنْ يَصْنَعَ	قَرَّرَ لِيَصْنَعَ

Answer Key and Translations

الإجابات و الترجمات

Key Word Answers

means of transport, vehicle وَسيلَةُ نَقْلٍ • to be used اِسْتُعْمِلَ • length طول • width عَرْضٌ • ready جاهِزٌ • to be able to اِسْتَطاعَ • to cross عَبَرَ • the environment البيئَةُ

Translation of the Article

1. **Boat, Bike and House at the Same Time**
2. [The company] Zeltini has made a vehicle that travels on land and water and has a place to sleep in it.
3. The Z-Triton is a boat, bicycle, and a very small house at the same.
4. The company says it can be used on long and short trips, and it can accommodate room for two people.
5. The {length of a} Z-Triton is 3.6 meters long and {its width} is 1.2 meters wide.
6. It will cost $8,000-$10,000.
7. People can buy one ready or assemble one by themselves.
8. The owner of Zeltini traveled by [his] bicycle 30,000 km from London to Tokyo in over four years,
9. but he did not like to sleep in a tent and could not cross water just by bicycle.
10. Because of that, he decided to make the Z-Triton, which also uses solar power to be good for the environment.

Translation of the Questions

1. How much does the Z-Triton cost? 2. Can someone sleep in the Z-Triton? 3. Why did the owner of Ziltini decide to make the Z-Triton? 4. What is your opinion of the Z-Triton? 5. Would you ever consider buying a Z-Triton? Why (not)? 6. Are you an adventurous person? 7. What is your favorite mode of transport? 8. Do you think everything in the future will use solar power? Why do you think so?

Answers to Expressions and Structures

1. The Zeltini company شَرِكَةُ زِلْتيني
2. it can accommodate two people فيها مَكانٌ لِشَخْصَيْنِ
3. 3.6 (three point six) ثَلاثَةُ أَمْتارٍ فاصِلُ سِتَّةٌ
4. he decided to make قَرَّرَ أَنْ يَصْنَعَ

Notes

دراسة: بدأ اليوم الدراسي متأخرا أفضل

وجدت دراسة أجريت عام 2017 في مدرسة ثانوية في إنكلترا أن الطلاب الذين بدأوا اليوم الدراسي في الساعة 10:00 ص (بدلا من 8:50 ص) كانوا يتمتعون بصحة أفضل وكانت درجاتهم أفضل.

في السنة الدراسية الأولى، بدأ الطلاب اليوم الدراسي في الساعة 8:50 ص. وفي السنتين الدراسيتين الثانية والثالثة، تغير الوقت إلى الساعة 10:00 ص. بعد ذلك، في السنة الرابعة، عاد الطلاب مرة أخرى ليبدأوا الساعة 8:50 ص.

نظر الباحثون في معدل الغياب لأسباب صحية، كما نظروا في درجات الطلاب في المدرسة. في السنتين اللتين كان الطلاب يذهبون فيهما إلى المدرسة متأخرا، انخفض معدل غياب الطلاب وارتفعت درجاتهم.

يرى الأستاذ الجامعي راسل فوستر من جامعة أكسفورد أن المراهقين يحتاجون إلى 9 ساعات من النوم، لكن الكثيرين منهم ينامون 5 ساعات فقط في أيام الدراسة.

15 Study: Starting School Day Late Is Better

Key Words — الكلمات

Study the key words and their definitions.

Translations	Definitions	Key Words
______________	كَبَديلٍ عَنْ	بَدَلًا عَنْ
______________	حالَةُ الجِسْمِ	صِحَّةٌ
______________	أداءُ الطّالِبِ دِراسِيًّا	دَرَجَةٌ
______________	فَعَلَ شَيْئًا لِأَوَّلِ مَرَّةٍ	بَدَأَ (يَبْدَأُ)
______________	يَوْمٌ فِي المَدْرَسَةِ	يَوْمٌ دِراسِيٌّ (أَيّامٌ دِراسِيَّةٌ)
______________	رَجَعَ	عادَ (يَعودُ)
______________	عَكْسُ "حُضور"	غِيابٌ
______________	عَكْسُ "باكِرٍ"	مُتَأَخِّرٌ
______________	أَصْبَحَ أَعْلى أَوْ أَكْثَرَ	اِرْتَفَعَ (يَرْتَفِعُ)
______________	أَصْبَحَ أَدْنى أَوْ أَقَلَّ	اِنْخَفَضَ (يَنْخَفِضُ)

Now match these translations to the key words above. Check your answers in the answer key.

absence • grade • health • instead of • late • school day • to decrease, go down • to increase, go up • to return, go back • to start

The Article — المقال

1 دِراسَةٌ: بَدْأُ اليَوْمِ الدِّراسِيِّ مُتَأَخِّرًا أَفْضَلُ

2 وَجَدَتْ دِراسَةٌ أُجْرِيَتْ عامَ أَلْفَيْنِ وَسَبْعَةَ عَشَرَ في مَدْرَسَةٍ ثانَوِيَّةٍ في إِنْكِلْتِرا أَنَّ الطُّلّابَ الَّذينَ بَدَأُوا اليَوْمَ الدِّراسِيَّ في السّاعَةِ العاشِرَةِ صَباحًا (بَدَلًا مِنَ الثّامِنَةِ وَخَمْسينَ دَقيقَةً) كانوا يَتَمَتَّعونَ بِصِحَّةٍ أَفْضَلَ وَكانَتْ دَرَجاتُهُمْ أَفْضَلَ.

3 في السّنةِ الدِّراسِيَّةِ الأولى، بَدَأَ الطُّلّابُ اليَوْمَ الدِّراسِيَّ في السّاعَةِ الثّامِنَةِ وَخَمْسينَ دَقيقَةً صَباحًا.

4 وفي السَّنَتَيْنِ الدِّراسِيَّتَيْنِ الثّانِيَةِ والثّالِثَةِ، تَغَيَّرَ الوَقْتُ إلى السّاعَةِ العاشِرَةِ صَباحًا.

5 بَعْدَ ذَلِكَ، في السَّنَةِ الرّابِعَةِ، عادَ الطُّلّابُ مَرَّةً أُخْرى لِيَبْدَأوا السّاعَةَ الثّامِنَةَ وَخَمْسينَ دَقيقَةً صَباحًا.

6 نَظَرَ الباحِثونَ في مُعَدَّلَ الغِيابِ لِأَسْبابٍ صِحّيَّةٍ، كما نَظَروا في دَرَجاتِ الطُّلّابِ في المَدْرَسَةِ.

7 في السَّنَتَيْنِ اللَّتَيْنِ كانَ الطُّلّابُ يَذْهَبونَ فيهِما إلى المَدْرَسَةِ مُتَأَخِّرًا، اِنْخَفَضَ مُعَدَّلُ غِيابِ الطُّلّابِ وَارْتَفَعَتْ دَرَجاتُهُمْ.

8 يَرى الأُسْتاذُ الجامِعِيُّ **راسِلْ فوسْتَرْ** مِنْ جامِعَةِ **أَكْسُفورْدْ** أَنَّ المُراهِقينَ يَحْتاجونَ إلى تِسْعِ ساعاتٍ مِنَ النَّوْمِ، لَكِنَّ الكَثيرينَ مِنْهُمْ يَنامونَ خَمْسَ ساعاتٍ فَقَطْ في أَيّامِ الدِّراسَةِ.

أسئلة الفهم Comprehension Questions

1. كَمْ ساعَةً فِي اليَوْمِ يَرى الأُسْتاذُ الجامِعِيُّ **راسِلْ فوسْتَرْ** أَنَّهُ عَلى المُراهِقينَ أَنْ يَناموا؟
2. مَتى أُجْرِيَتْ هَذِهِ الدِّراسَةُ؟
3. عِنْدَما بَدَأَ الطُّلّابُ فِي وَقْتٍ مُتَأَخِّرٍ، هَلِ انْخَفَضَ مُعَدَّلُ الغِيابِ لِأَسْبابٍ صِحِّيَّةٍ أَمِ ارْتَفَعَ؟

أسئلة النقاش Discussion Questions

4. ما رَأْيُكَ فِي نَتائِجِ هَذِهِ الدِّراسَةِ؟
5. كَمْ ساعَةً تَنامُ فِي اللَّيْلِ؟ هَلْ تَعْتَقِدُ أَنَّ هَذا يَكْفي أَمْ لا؟
6. عِنْدَما كُنْتَ فِي المَدْرَسَةِ، مَتى كانَ يَبْدَأُ اليَوْمُ الدِّراسِيُّ؟
7. هَلْ كُنْتَ تَتَغَيَّبُ عَنِ المَدْرَسَةِ كَثيرًا؟
8. عِنْدَما تَسْتَيْقِظُ، هَلْ تَتَذَكَّرُ الأَحْلامَ الَّتي حَلَمْتَ بِها أَثْناءَ النَّوْمِ؟

Expressions and Structures تعابير ومركبات

Try to remember the Arabic expressions and structures from the article. Each English translation is followed by four choices, only one of which is correct. Refer back to the article to check your answers.

1. **the school day**

الأَيّامُ الدِّراسِيُّ　　　اليَوْمُ الدِّراسِيُّ

اليَوْمُ الدِّراسِيَّةُ　　　يَوْمُ المدْرَسةِ

2. **8:50 (ten to nine)**

الثّامِنَةُ وَخَمْسونَ دَقيقَةٍ　　　الثّامِنَةُ خَمْسونَ دَقيقَةٍ

الثّامِنَةُ إلّا عَشْرِ دَقائِقَ　　　عَشْرُ دَقائِقَ لِلتّاسِعَةِ

3. **they looked at the absence rate**

دَرَسَ الباحِثاتُ مُعَدَّلاتُ الغِيابِ　　　دُرِسَ الباحِثونَ عادِلَ الغِيابِ

دارَسَ الباحِثونَ مُعَدَّلَ الغِيابِ　　　دَرَسَ الباحِثونَ مُعَدَّلَ الغِيابِ

4. **nine hours of sleep**

تِسْعَةِ ساعاتٍ نَوْمًا　　　تُسْعِ ساعَةٍ مِنَ النَّوْمِ

تِسْعِ ساعاتٍ مِنَ النَّوْمِ　　　السّاعَةُ تِسْعَةٌ مِنَ النَّوْمِ

Answer Key and Translations

الإجابات و الترجمات

Key Word Answers

instead of بَدَلًا عَنْ • health صِحَّةٌ • grade دَرَجَةٌ • to start بَدَأَ • school day يَوْمٌ دِراسِيٌّ • to return, go back عادَ • absence غِيابٌ • late مُتَأَخِّرٌ • to increase, go up اِرْتَفَعَ • to decrease, go down اِنْخَفَضَ

Translation of the Article

1. **Study: Starting School Day Late Is Better**
2. A study A study from 2017 that was done on a high school in England found that students who started the school day at 10:00 a.m. instead of 8:50 had better health and their grades were better.
3. In first school year, the students started the school day at 8:50 a.m.
4. And in second and third grade, the time changed to 10:00 a.m.
5. After that, in fourth grade, the students went back again to starting at 8:50 a.m.
6. The researchers looked at the absence rate for health reasons and at the grades of students at school.
7. In the two years in which the students went to school late, the absence rate decreased, and [their] grades went up.
8. Professor Russell Foster from Oxford University says [sees] that teenagers need nine hours of sleep, but many of them only sleep five hours on school days.

Translation of the Questions

1. How many hours a night {day} does Professor Russell Foster say teenagers should sleep? 2. When was this study done? 3. When students started later, did the absence rate for health reasons go down or up? 4. What is your opinion of this study's results? 5. How many hours a night do you sleep? Do you think that this is enough? 6. When you were in school, when did the school day start? 7. Where you absent from school a lot? 8. When you wake up, do you remember the dreams you had while sleeping?

Answers to Expressions and Structures

1. the school day اليَوْمُ الدِّراسِيُّ
2. 8:50 (ten to nine) الثّامِنَةُ وَخَمْسونَ دَقيقَةٍ
3. they looked at the absence rate دَرَسَ الباحِثونَ مُعَدَّلَ الغِيابِ
4. nine hours of sleep تِسْعِ ساعاتٍ مِنَ النَّوْمِ

Notes

اكتشاف: بكتيريا جديدة تأكل البلاستيك

اكتشف باحثون نوعا جديدا من البكتيريا تأكل نوعا من البلاستيك يسمى البوليوريثين. هذا النوع يصعب إعادة تدويره.

يرى بعض العلماء أن هذا الاكتشاف قد يقلل من كمية البلاستيك الَّتي يلقى بها في مكبات النفايات وفي المحيطات.

وجد فريق من مركز أبحاث في ألمانيا هذا النوع من البكتيريا في منطقة بها كميات كبيرة من البلاستيك. ووجد الفريق أن البكتيريا تنتج إنزيمات تكسر البوليوريثين.

طبقا لهذه الدراسة الألمانية، يمكن للعلماء بسهولة أن يتحكموا في هذه البكتيريا وإنتاجها للاستخدام الصناعي. ومع ذلك، يرى بعض الباحثين أننا بحاجة إلى مزيد من البحث قبل أن نضع هذه البكتيريا في بيئات طبيعية.

ينتج البشر حوالي 300 مليون طن من البلاستيك كل عام. ويستخدم حوالي نصف هذه الكمية مرة واحدة فقط، ويلقى بحوالي 8 ملايين طن في المحيطات.

16 Discovery: New Bacteria Eats Plastic

Key Words

الكلمات

Study the key words and their definitions.

Translations	Definitions	Key Words
______________	عَرَفَ شَيْئًا جَديدًا لِأَوَّلِ مَرَّةٍ	اِكْتَشَفَ (يَكْتَشِفُ)
______________	شَيْءٌ اُكْتُشِفَ؛ شَيْءٌ أَصْبَحَ مَعْروفًا لِأَوَّلِ مَرَّةٍ	اِكْتِشافٌ
______________	مَكانٌ كَبيرٌ تُرْمى بِهِ القُمامَةُ	مَكَبُّ نُفاياتٍ (مَكَبّاتُ نُفاياتٍ)
______________	سَطْحٌ كَبيرٌ جِدًّا مِنَ الماءِ، أَكْبَرُ مِنَ البَحْرِ: المُحيطُ الأَطْلَنْطِيُّ	مُحيطٌ
______________	المَبْنِيُّ لِلْمَجْهولِ مِنْ "أَلْقى"	أُلْقِيَ (يُلْقى)
______________	مَجْموعَةٌ تَفْعَلُ شَيْئًا سَوِيًّا	فَريقٌ (فُرَقاءُ)
______________	أَخْرَجَ شَيْئًا	أَنْتَجَ (يُنْتِجُ)
______________	بَحْثٌ؛ أُسْلوبٌ مُنَظَّمٌ في جَمْعِ المَعْلوماتِ	دِراسَةٌ (دِراساتٌ)
______________	جَعَلَ شَيْئًا أَوْ شَخْصًا يَفْعَلُ ما يُريدُهُ هُوَ	تَحَكَّمَ (يَتَحَكَّمُ) بِـ
______________	مِقْدارٌ	كَمِّيَّةٌ

Now match these translations to the key words above. Check your answers in the answer key.

amount • discovery • landfill • ocean • research, study • team • to be thrown; be dumped • to control • to discover • to produce

The Article — المقال

1 اِكْتِشافٌ: بَكْتيرْيا جَديدَةٌ تَأْكُلُ البِلاسْتيكَ

2 اِكْتَشَفَ باحِثون نَوْعًا جَديدًا مِنَ البَكْتيرْيا تَأْكُلُ نَوْعًا مِنَ البِلاسْتيكِ يُسَمّى البولْيوريثِينْ.

3 هَذا النَّوْعُ يَصْعُبُ إعادَةُ تَدْويرِه.

4 يَرى بَعْضُ العُلَماءِ أَنَّ هَذا الاِكْتِشافَ قَدْ يُقَلِّلُ مِنْ كَمِّيَّةِ البِلاسْتيكِ الَّتي يُلْقى بِها في مَكَبّاتِ النُّفاياتِ وفي المُحيطاتِ.

5 وَجَدَ فَريقٌ مِنْ مَرْكَزِ أَبْحاثٍ في أَلْمانْيا هَذا النَّوْعَ مِنَ البَكْتيرْيا في مِنْطَقَةٍ بِها كَمّيّاتٌ كَبيرَةٌ مِنَ البِلاسْتيكِ.

6 وَوَجَدَ الفَريقُ أَنَّ البِكْتيرْيا تُنْتِجُ إِنْزيماتٍ تُكَسِّرُ البولْيوريثِينْ.

7 طِبْقًا لِهَذِهِ الدِّراسَةِ الأَلْمانيَّةِ، يُمْكِنُ لِلْعُلَماءِ بِسُهولَةٍ أَنْ يَتَحَكَّموا في هَذِهِ البَكْتيرْيا وَإِنْتاجِها لِلاسْتِخْدامِ الصِّناعيِّ.

8 وَمَعَ ذَلِكَ، يَرى بَعْضُ الباحِثينَ أَنَّنا بِحاجَةٍ إِلى مَزيدٍ مِنَ البَحْثِ قَبْلَ أَنْ نَضَعَ هَذِهِ البَكْتيرْيا في بيئاتٍ طَبيعِيَّةٍ.

9 يُنْتِجُ البَشَرُ حَوالَيْ ثَلاثَمِائَةِ مِلْيونِ طُنٍّ مِنَ البِلاسْتيكِ كُلَّ عامٍ.

10 وَيُسْتَخْدَمُ حَوالَيْ نِصْفُ هَذِهِ الكَمِّيَّةِ مَرَّةً واحِدَةً فَقَطْ، وَيُلْقى بِحَوالَيْ ثَمانيَةِ مَلايينِ طُنٍّ في المُحيطاتِ.

أسئلة الفهم Comprehension Questions

1. مِنَ اكْتَشَفَ هَذا الِاكْتِشافَ؟
2. ما هِيَ كَمِّيَّةُ البِلاسْتيكِ الَّتي يُنْتِجُها الإِنْسانُ كُلَّ عامٍ؟
3. ما هِيَ كَمِّيَّةُ البِلاسْتيكِ الَّتي لا يُتَخَلَّصُ مِنْها في المُحيطاتِ؟

أسئلة النقاش Discussion Questions

4. ما رَأْيُكَ في هَذا الِاكْتِشافِ؟
5. هَلْ تُوَزِّعُ المَتاجِرُ في بَلَدِكَ أَكْياسًا بِلاسْتيكِيَّةً؟
6. هَلْ تَفْعَلُ أَيَّ شَيْءٍ لِمُساعَدَةِ البيئَةِ؟
7. هَلْ تَعْتَقِدُ أَنَّ البيئَةَ هِيَ مَسْؤولِيَّةُ النّاسِ أَمِ الحُكومَةِ أَمْ كِلَيْهِما؟
8. هَلْ تَعْتَقِدُ أَنَّهُ مِنَ المُمْكِنِ أَنْ نَعيشَ بِدونِ بِلاسْتيك؟

Expressions and Structures
تعابير ومركبات

Try to remember the Arabic expressions and structures from the article. Each English translation is followed by four choices, only one of which is correct. Refer back to the article to check your answers.

1. **hard to recycle**

صُعِّبَ إعادَتُها تَدويره   يَصعُبُ إعادَةُ تَدويرَتِه

يَصعُبُ إعادَةُ تَدويرِهِ   يَصعُبُ إعادَةُ تَوريدِهِ

2. **the amount of plastic that is dumped in...**

كَمِّيَّةِ البِلاستيكِ الَّتي أُلْقِيَ بها
في

كَمِّيَّةِ البِلاستيكِ الَّتي يُلتقى بها
في

كَمِّيَّةِ البِلاستيكِ الَّتي تَلتَقي بها
في

كَمِّيَّةِ البِلاستيكِ الَّتي يُلقى بها
في

3. **only once**

مَرَّةً واحِدَةً فَقَط   المَرَّةُ الواحِدَةُ فَقَط

مَرَّةً واحِدَةً قَطُّ   مَرَّةً الواحِدَةَ فَقَط

4. **300 million tons**

ثَلاثُ مِئاتٍ مِليونِ طُنٍّ   ثَلاثُمِائَةِ مِليونِ أطنانِ

ثَلاثُمِائَةِ مِليونِ طُنٍّ   ثَلاثُمِائَةِ مَلايينَ طُنٍّ

Answer Key and Translations الإجابات و الترجمات

Key Word Answers

to discover اِكْتَشَفَ • discovery اِكْتِشاف • landfill مقْلب زِبالة • ocean مُحيط • to be thrown; be dumped اِتْرمى • team فريق • to produce أَنْتج • research, study بَحْث • to control اِتْحكّم • amount كِمّية

Translation of the Article

1. **Discovery: New Bacteria Eats Plastic**
2. Researchers have discovered a new type of bacteria that eats a type of plastic called polyurethane.
3. This type is hard to recycle.
4. Some scientists say that this discovery might reduce the amount of plastic {that is} dumped in landfills and oceans.
5. A team from a research center in Germany found a type of bacteria in an area that had large amounts of plastic in it.
6. The team found that the bacteria produce enzymes that break down polyurethane.
7. The German study says that scientists can easily control these bacteria and produce them for industrial use.
8. However, some researchers say that we need more research before we put these bacteria in natural environments.
9. Humans {the human} produces about 300 million tons of plastic every year.
10. Around half of this amount is used only once, and around eight million tons get dumped in oceans.

Translation of the Questions

1. Who made this discovery? 2. How much plastic do humans produce every year? 3. How much plastic doesn't get dumped in the oceans? 4. What is your opinion of this discovery? 5. Do stores in your country give [out] plastic bags? 6. Do you do anything to help the environment? 7. Do you think the environment is the responsibility of people, the government or both? 8. Do you think it is possible for us {that we} to live without plastic?

Answers to Expressions and Structures

1. hard to recycle يَصْعُبُ إعادَةُ تَدْويرِه
2. plastic that is dumped in... كَمِّيَّةِ البِلاسْتيكِ الَّتي يُلْقى بِها في
3. only once مَرَّةً واحِدَةً فَقَطْ
4. 300 million tons ثَلاثُمِائَةِ مِلْيونِ طُنٍّ

Notes

مدينة يابانية تمنع استخدام الهاتف أثناء المشي

مدينة ياماتو هي أول مدينة في اليابان تمنع استعمال الهاتف أثناء المشي في الأماكن العامة. طبق هذا القانون في 1 يوليو 2020. يجب على من يريد استعمال هاتفه أن يخطو إلى جانب الطريق.

لا عقوبة لمن يخالف هذا القانون، لكن الهدف أن يعرف الناس خطورة استعمال الهاتف أثناء المشي.

صرح أحد المسؤولين في المدينة أن عدد الأشخاص الذين يستخدمون هواتفهم في

ازدياد سريع، ونتيجة لذلك زاد عدد الحوادث.

اقترح القانون الجديد بعد دراسة في يناير وجدت أن حوالي 12% من المشاة يستخدمون هواتفهم أثناء المشي. هذا يجعل الأشخاص يتصادمون أثناء المشي أو يسقطون أو تسقط منهم هواتفهم.

أيد الكثير من الناس، كبارا وصغارا، القانون الجديد، وقلة قليلة من الناس انتهكوه حتى الآن.

17 Japanese City Bans Phone Use While Walking

Key Words الكلمات

Study the key words and their definitions.

Translations	Definitions	Key Words
________	عَكْسُ "سَمَحَ"	مَنَعَ (يَمْنَعُ)
________	فِي الوَقْتِ الَّذي يَحْدُثُ فيهِ شَيْءٌ آخَرُ	أَثْناءَ
________	فُعِّلَ	طُبِّقَ (يُطَبَّقُ)
________	شَيْءٌ يُنَفِّذُهُ مُرْتَكِبُ الخَطَإِ	عُقوبَةٌ
________	لَمْ يَتْبَعْ نِظامًا مُعَيَّنًا	خالَفَ (يُخالِفُ)
________	الاِسْمُ مِنْ "اِسْتَعْمَلَ"	اِسْتِعْمالٌ
________	شَخْصٌ لَدَيْهِ سُلْطَةٌ عَلى شَيْءٍ	مَسْؤولٌ / مَسْؤولَةٌ
________	المَبْنِيُّ لِلْمَجهولِ مِنْ "اِقْتَرَحَ"	اُقْتُرِحَ (يُقْتَرَحُ)
________	النّاسُ الَّذينَ يَمْشونَ عَلى أَرْجُلِهِمْ فِي الشّارِعِ	المُشاةُ
________	اِرْتَطَمَ بِغَيْرِهِ	تَصادَمَ (يَتَصادَمُ)
________	وَقَعَ أَرْضًا	سَقَطَ (يَسْقُطُ)

Now match these translations to the key words above. Check your answers in the answer key.

official • pedestrians • punishment • to ban • to be applied, be put into effect • to be introduced • to fall • to hit • to violate, break (a law) • use, utilization • while; during

The Article المقال

1 مَدينَةٌ يابانِيَّةٌ تَمْنَعُ اسْتِخْدامَ الهاتِفِ أَثْناءَ المَشْيِ

2 مَدينَةُ **ياماتو** هِيَ أَوَّلُ مَدينَةٍ في اليابانْ تَمْنَعُ اسْتِعْمالَ الهاتِفِ أَثْناءَ المَشْيِ في الأَماكِنِ العامَّةِ.

3 طُبِّقَ هَذا القانونُ في الأَوَّلِ مِنْ يولْيو أَلْفَيْنِ وَعِشْرينَ.

4 يَجِبُ عَلى مِنْ يُريدُ اسْتِعْمالَ هاتِفِهِ أَنْ يَخْطوَ إِلى جانِبِ الطَّريقِ.

5 لا عُقوبَةَ لِمَنْ يُخالِفُ هَذا القانونَ، لَكِنَّ الهَدَفَ أَنْ يَعْرِفَ النّاسُ خُطورَةَ اسْتِعْمالِ الهاتِفِ أَثْناءَ المَشْيِ.

6 صَرَّحَ أَحَدُ المَسْؤولينَ في المَدينَةِ أَنَّ عَدَدَ الأَشْخاصِ الَّذينَ يَسْتَخْدِمونَ هَواتِفَهُمْ في ازْدِيادٍ سَريعٍ، وَنَتيجَةً لِذَلِكَ زادَ عَدَدُ الحَوادِثِ.

7 اُقْتُرِحَ القنونُ الجَديدُ بَعْدَ دِراسَةٍ في يَنايِرَ وَجَدَتْ أَنَّ حَوالَي اثْنَيْ عَشَرَ بِالْمائَةِ مِنَ المُشاةِ يَسْتَخْدِمونَ هَواتِفَهُمْ أَثْناءَ المَشْيِ.

8 هَذا يَجْعَلُ الأَشْخاصَ يَتَصادَمونَ أَثْناءَ المَشْيِ أَوْ يَسْقُطونَ أَوْ تَسْقُطُ مِنْهُم هَواتِفُهُمْ.

9 أَيَّدَ الكَثيرُ مِنَ النّاسِ، كِبارًا وَصِغارًا، القانونَ الجَديدَ، وَقِلَّةٌ قَليلَةٌ مِنَ النّاسِ انْتَهَكوهُ حَتّى الآنَ.

أسئلة الفهم Comprehension Questions

1. ما هِيَ عُقوبَةُ مُخالَفَةِ هَذا القانونِ؟
2. هَلْ هُناكَ مُدُنٌ أُخْرى في اليابانِ نَفَّذَتْ هَذا القانونَ قَبْلَ **ياماتو**؟
3. هَلْ يُخالِفُ كَثيرٌ مِنَ النّاسِ في المَدينَةِ هَذا القانونَ؟

أسئلة النقاش Discussion Questions

4. ما رَأْيُكِ في هَذا القانونِ؟ هَلْ تَعْتَقِدُ أَنَّهُ يَجِبُ تَطْبيقُهُ في بَلْدَتِكَ؟
5. ما هوَ أَغْرَبُ قانونٍ سَمِعْتَ بِهِ؟
6. كَمْ مِنَ الوَقْتِ تَسْتَخْدَمُ هاتِفَكِ يَوْميًّا؟
7. هَلْ يُمْكِنُ أَنْ تَعيشَ شَهْرًا بِدونِ هاتِفِكِ؟ لِماذا؟
8. ما الَّذي تُحِبُّهُ في مَدينَتِكَ أَكْثَرَ مِنْ غَيْرِهِ؟

Expressions and Structures تعابير ومركبات

Try to remember the Arabic expressions and structures from the article. Each English translation is followed by four choices, only one of which is correct. Refer back to the article to check your answers.

1. **on July 1**

فِي الأولى مِنْ يولْيو	فِي الأوَّلِ يولْيو
فِي الأوَّلِ مِنْ خولْيو	فِي الأوَّلِ مِنْ يولْيو

2. **while (they are) walking**

عِنْدَ أَثْناءَ المَشْيِ	أَثْناءَ يَمْشي
أَثْناءَ المَشْيِ	أَثْناءَ يَمْشونَ

3. **the number of people who...**

عَدَدُ الأَشْخاصِ الَّذي	عَديدُ الأَشْخاصِ الَّذينَ
عَدَدُ الأَشْخاصِ الَّذينَ	العَديدُ الأَشْخاصِ الَّذونَ

4. **very few people**

قِلَّةٌ قَليلَةٌ مِنَ النّاسِ	ناسٌ قليلَةٌ كَثيرًا
النّاسِ القَليلُ جِدًّا	قِلَّةٌ قَليلَةٌ مِنَ الشَّخْصِ

Answer Key and Translations الإجابات و الترجمات

Key Word Answers

to ban مَنَعَ • while; during أَثْنَاءَ • to be applied, be put into effect طُبِّقَ • punishment عُقوبَةٌ • to violate, break (a law) خالَفَ • use, utilization اِسْتِعْمالٌ • official مَسْؤولٌ • to be suggested اُقْتُرِحَ • pedestrians المُشاةُ • to hit تَصادَمَ • to fall سَقَطَ

Translation of the Article

1. **Japanese City Bans Phone Use While Walking**
2. Yamato City is the first city in Japan to ban using phones while walking in public places.
3. This law was put into effect on July 1, 2020.
4. Whoever wants to use their phone has to step to the side of the road.
5. There is no punishment for those who violate this law, but the goal is that people know the danger of using phones while walking.
6. One city official says that the number of people who use their phones is increasing rapidly, and the number of accidents has increased as a result.
7. The new law was introduced [suggested] after a study in January [that] found that around 12% of pedestrians use their phones while walking.
8. This causes many people to hit each other while walking, fall, or drop their phones {their phones fall from them}.
9. So many people, old and young, have supported the new law, and very few people have violated it so far.

Translation of the Questions

1. What is the punishment for breaking this law? 2. Are there other cities in Japan that implemented this law before Yamato? 3. Do many people in the city break the this law? 4. What is your opinion of this law? Do you think it should be implemented in your town? 5. What is the strangest law you have heard of? 6. How much {time} do you use your phone per day? 7. Could you go {live}

a month wihout your phone? Why (not)? 8. What do you like most/least about your town?

Answers to Expressions and Structures

1. on July 1 فِي الأوَّلِ مِنْ يولْيو
2. while (they are) walking أَثْناءَ المَشْيِ
3. the number of people who... عَدَدُ الأَشْخاصِ الّذينَ
4. very few people قِلَّةٌ قليلَةٌ مِنَ النّاسِ

Notes

فرنسا تحول النبيذ غير المباع إلى مطهر للأيدي

وجدت الحكومة الفرنسية طريقة جديدة لمساعدة صناعة النبيذ. بدأ صانعو النبيذ في بيع النبيذ الذي لم يبع للحكومة حتى تحوله الحكومة إلى معقم لليدين.

تخطط الحكومة لإنتاج الإيثانول ومعقمات للأيدي من النبيذ غير المباع. يمكن استخدام الإيثانول في العديد من المنتجات.

وقد وافق الاتحاد الأوروبي على دفع ما بين 65 دولارا إلى 88 دولارا، حسب النوع، لصانعي النبيذ، مقابل كل مائة لتر من

النبيذ.

انخفضت مبيعات النبيذ في فرنسا بعد أن أضافت الولايات المتحدة ضريبة بنسبة 25٪ على أي نبيذ مستورد في أكتوبر 2019. وبعد ذلك، انخفضت المبيعات أكثر بسبب إغلاق الحانات والمطاعم بسبب فيروس كورونا.

اعتمد مصنع نبيذ إسباني هذه المبادرة قبل فرنسا، وتخطط إيطاليا أن تفعل مثل فرنسا.

18 France Turns Unsold Wine Into Hand Sanitizer

Key Words الكلمات

Study the key words and their definitions.

Translations	Definitions	Key Words
______	أُسْلوبٌ	طَريقَةٌ (طُرُقٌ)
______	مَشْروبٌ كُحوليٌّ مَصْنوعٌ مِنَ العِنَبِ	نَبيذٌ
______	غَيَّرَ شَخْصًا أَوْ شَيْئًا تَمامًا	حَوَّلَ (يُحَوِّلُ)
______	شَيْءٌ يُصْنَعُ لِلْبَيْعِ	مُنْتَجٌ
______	عَكْسُ "رَفَضَ"	وافَقَ (يوافِقُ)
______	جَعَلَ شَيْئًا أَكْثَرَ	أَضافَ (يُضيفُ)
______	مالٌ تَأْخُذُهُ الحُكومَةُ لِتُساعِدَ البَلَدَ	ضَريبَةٌ (ضَرائِبُ)
______	خُطْوَةٌ لِحَلِّ مُشْكِلَةٍ	مُبادَرَةٌ

Now match these translations to the key words above. Check your answers in the answer key.

initiative • product • tax • to agree • to increase • to turn (something) • way, method • wine

The Article المقال

1 فِرَنْسا تُحَوِّلُ النَّبيذَ غَيْرَ المُباعِ إلى مُطَهِّرٍ لِلْأَيْدي

2 وَجَدَتِ الحُكومَةُ الفِرَنْسِيَّةُ طَريقَةً جَديدَةً لِمُساعَدَةِ صِناعَةِ النَّبيذِ.

3 بَدَأَ صانِعو النَّبيذِ في بَيْعِ النَّبيذِ الَّذي لَمْ يُبَعْ لِلْحُكومَةِ حَتّى تُحَوِّلَهُ الحُكومَةُ إلى مُعَقِّمٍ لِلْيَدَيْنِ.

4 تُخَطِّطُ الحُكومَةُ لِإنْتاجِ الإيثانولِ وَمُعْقِّماتِ لِلْأَيْدي مِنَ النَّبيذِ غَيْرِ المُباعِ.

5 يُمْكِنُ اسْتِخْدامُ الإيثانولِ في العَديدِ مِنَ المُنْتَجاتِ.

6 وَقَدْ وافَقَ الاتِّحادُ الأوروبِّيُّ عَلى دَفْعِ ما بَيْنَ خَمْسَةٍ وَسِتِّينَ دولارًا إلى ثَمانيَةٍ وَثَمانينَ دولارًا، حَسَبَ النَّوْعِ، لِصانِعِي النَّبيذِ، مُقابِلَ كُلِّ مِائَةِ لِتْرٍ مِنَ النَّبيذِ.

7 اِنْخَفَضَتْ مَبيعاتُ النَّبيذِ في فِرَنْسا بَعْدَ أَنْ أَضافَتِ الوِلاياتُ المُتَّحِدَةُ ضَريبَةً بِنِسْبَةِ خَمْسٍ وَعِشْرينَ بِالْمِائَةِ عَلى أَيِّ نَبيذٍ مُسْتَوْرَدٍ في أُكْتوبَرَ أَلْفَيْنِ وَتِسْعَةَ عَشَرَ.

8 وَبَعْدَ ذَلِكَ، اِنْخَفَضَتِ المَبيعاتُ أَكْثَرَ بِسَبَبِ إغْلاقِ الحاناتِ والْمَطاعِمِ بِسَبَبِ فَيْروسِ كورونا.

9 اِعْتَمَدَ مَصْنَعُ نَبيذٍ إسْبانِيٍّ هَذِهِ المُبادَرَةَ قَبْلَ فِرَنْسا، وَتُخَطِّطُ إيطالْيا أَنْ تَفْعَلَ مِثْلَ فِرَنْسا.

أسئلة الفهم Comprehension Questions

1. لِماذا انْخَفَضَتْ مَبيعاتُ النَّبيذِ في فِرَنْسا؟
2. بِكَمْ سَيَشْتَري الِاتِّحادُ الأوروبِّيُّ كُلّ مِائَةَ لِتْرٍ مِنَ النَّبيذِ؟
3. هَلْ كانَتْ فِرَنْسا أَوَّلَ دَوْلَةٍ اِتَّخَذَتْ هَذِهِ المُبادَرَةَ؟

أسئلة النقاش Discussion Questions

4. ما رَأْيُكَ في هَذِهِ المُبادَرَةِ؟
5. إذا كانَ عَلَيْكَ العَيْشُ في فِرَنْسا أَوْ إيطالْيا أَوْ إِسْبانْيا، فَما البَلَدُ الَّذي سَتَخْتارُهُ وَلِماذا؟
6. هَلْ تُحِبُّ الطَّعامَ الفِرَنْسِيَّ؟
7. هَلْ تَسْتَخْدِمُ مُعَقَّمَ اليَدَيْنِ أَمْ لا؟ إذا كانَ الأَمْرُ كَذَلِكَ، فَكَمْ مَرَّةً؟
8. ما هُوَ مَشْروبُكَ المُفَضَّلُ؟

Expressions and Structures تعابير ومركبات

Try to remember the Arabic expressions and structures from the article. Each English translation is followed by four choices, only one of which is correct. Refer back to the article to check your answers.

1. **wine that was not sold**

النَّبيذِ الَّتي لَمْ يُبَعْ	النَّبيذِ الَّذي لَمْ يُبايِعْ
النَّبيذِ الَّذي لَمْ يَبِعْ	النَّبيذِ الَّذي لَمْ يُبَعْ

2. **The EU agreed to pay**

تَوافَقَ الِاتِّحادُ الأوروبِّيُّ عَلى دُفَعٍ	وافَقَ الِاتِّحادَ الأوروبِّيَّ عَلى دُفْعَةٍ
وافَقَ الِاتِّحادُ الأوروبِّيُّ عَلى دَفْعِ	وافَقَ الِاتِّحادُ الأوروبِّيُّ عِنْدَ دَفْعِ

3. **wine sales have decreased**

اِخْتفَت مَبيعاتُ النَّبيذِ	خَفَتَتْ مَبيعاتُ النَّبيذِ
اِنْخَفَضَتْ مُبايَعاتُ النَّبيذِ	اِنْخَفَضَتْ مَبيعاتُ النَّبيذِ

4. ***(conjunction)* after**

بَعْدَ ما	بَعْدَ إنَّ
بَعْدَها	بَعْدَ أنْ

Answer Key and Translations

الإجابات و الترجمات

Key Word Answers

• حَوَّلَ (something) to turn • نَبيذٌ wine • طَريقَةٌ way, method
• ضَريبَةٌ tax • أَضافَ to increase • وافَقَ to agree • مُنْتَجٌ product
مُبادَرَةٌ initiative

Translation of the Article

1. **France Turns Unsold Wine Into Hand Sanitizer**
2. The French government has found a new way to help the wine industry.
3. Winemakers have started to sell unsold wine {that was not sold} to the government so that the government turns it into a hand sanitizer.
4. The government is planning to make hand sanitizers and ethanol out of the unsold wine.
5. Ethanol can be used in many products.
6. The European Union agreed to pay winemakers $65-$88, depending on the type, for every 100 liters of wine.
7. Sales of wine in France have decreased after the US added a 25% tax on any imported wine in October 2019.
8. And after that, sales have decreased even more because bars and restaurants closed because of the coronavirus [pandemic].
9. A Spanish winemaker took this initiative before France, and Italy is planning to do like France.

Translation of the Questions

1. Why have wine sales fallen in France? 2. How much will the European Union buy a 100 liters of wine for? 3. Was France the first country to take this initiative? 4. What is your opinion of this initiative? 5. If you had to live in France, Italy, or Spain, which country would you choose and why? 6. Do you like French food? 7. Do you use hand sanitizer? If so, how often? 8. What is your favorite beverage to drink?

Answers to Expressions and Structures

1. wine that was not sold النَّبيذِ الَّذي لَمْ يُبَعْ
2. The EU agreed to pay وافَقَ الِاتِّحادُ الأوروبِّيُّ عَلى دَفْعِ
3. wine sales have decreased اِنْخَفَضَتْ مَبيعاتُ النَّبيذِ
4. *(conjunction)* after بَعْدَ أَنْ

Notes

غوغل تطور تطبيقا يترجم الهيروغليفية

اللغة المصرية القديمة، أو الهيروغليفية، هي من إحدى اللغات الصعبة. لكن غوغل احتفل بالذكرى السنوية لاكتشاف حجر رشيد (روزتا ستون) من خلال إنشاء تطبيق فابريشيوس، والذي سيساعد العلماء على قراءة الهيروغليفية.

سيساعد هذا التطبيق أيضا المزيد من الأشخاص على معرفة المزيد عن الحضارة المصرية بطريقة سهلة. التطبيق موجود على موقع غوغل آرتس آند كلتشر المجاني.

يترجم التطبيق الجديد الهيروغليفية إلى الإنجليزية والعربية، ويمكن لهذه المعلومات أن ترى باستخدام تقنية الواقع الافتراضي.

صرح مدير برنامج غوغل آرتس آند كالتشر تشانس كوجينور، أن التطبيق يتكون من ثلاثة أقسام:التعلم واللعب والعمل الأكاديمي. وذكر أيضا أن أقسام التعلم واللعب بسيطة وممتعة، بينما القسم الأكاديمي يساعد الباحثين والعلماء.

19 Google Makes Hieroglyphics Translator

Key Words

الكلمات

Study the key words and their definitions.

Translations	Definitions	Key Words
________	نِظامُ تَواصُلٍ بَيْنَ مَجْموعَةٍ كَبيرَةٍ مِنَ النّاسِ	لُغَةٌ
________	فَعَلَ شَيْئًا مُمَيَّزًا مِنْ أَجْلِ مُناسَبَةٍ مُعَيَّنَةٍ	اِحْتَفَلَ (يَحْتَفِلُ)
________	وَقْتٌ مِنْ كُلِّ سَنَةٍ يُذَكِّرُ بِشَيْءٍ حَدَثَ في مِثْلِ هَذا الوَقْتِ في سَنَةٍ ماضِيَةٍ	ذِكْرى (ذِكْرَياتٌ)
________	شَيْءٌ أَصْبَحَ مَعْروفًا لِأَوَّلِ مَرَّةٍ	اِكْتِشافٌ
________	بَرْنامَجُ حاسوبٍ	تَطْبيقٌ
________	نَقَلَ كَلامًا لِلُغَةٍ أُخْرى	تَرْجَمَ (يُتَرْجِمُ)
________	المَبْنِيُّ لِلْمَجْهولِ مِنْ "رَأى"	رُئِيَ (يُرى)
________	جُزْءٌ	قِسْمٌ (أَقْسامٌ)
________	سَهْلٌ	بَسيطٌ (بَسيطَةٌ)
________	يَتْرُكُكَ تَفْرَحُ؛ تَشْعُرُ بِالْمُتْعَةِ	مُمْتِعٌ

Now match these translations to the key words above. Check your answers in the answer key.

anniversary • app • discovery • enjoyable, fun • language •
section • simple • to be seen • to celebrate • to translate

The Article المقال

1 **غوغِلْ** تُطَوِّرُ تَطْبيقًا يُتَرْجِمُ الهيروغْليفِيَّةَ

2 اللُّغَةُ المِصْرِيَّةُ القَديمَةُ، أَوِ الهيروغْليفِيَّةُ، هِيَ مِنْ إِحْدى اللُّغاتِ الصَّعْبَةِ.

3 لَكِنَّ **غوغِلْ** اِحْتَفَلَ بِالذِّكْرى السَّنَوِيَّةِ لِاكْتِشافِ حَجَرِ رَشيدٍ (روزِتّا سْتونَ) مِنْ خِلالِ إِنْشاءِ تَطْبيقِ **فابْريشْيوسْ**، والَّذي سَيُساعِدُ العُلَماءَ عَلى قِراءَةِ الهيروغْليفِيَّةِ.

4 سَيُساعِدُ هَذا التَّطْبيقُ أَيْضًا المَزيدَ مِنَ الأَشْخاصِ عَلى مَعْرِفَةِ المَزيدِ عَنِ الحَضارَةِ المِصْرِيَّةِ بِطَريقَةٍ سَهْلَةٍ.

5 التَّطْبيقُ مَوْجودٌ عَلى مَوْقِعِ **غوغِلْ آرْتِس آنْدْ كَلْتَشْرْ** اِلمَجّانِيِّ.

6 يُتَرْجِمُ التَّطْبيقُ الجَديدُ الهيروغْليفِيَّةَ إِلى الإِنْجليزِيَّةِ وَالْعَرَبِيَّةِ، وَيُمْكِنُ لِهَذِهِ المَعْلوماتِ أَنْ تُرى بِاسْتِخْدامِ تِقْنِيَةِ الواقِعِ اِلافْتِراضِيِّ.

7 صَرَّحَ مُديرُ بَرْنامَجِ **غوغِلْ آرْتِس آنْدْ كالْتْشْرْ تَشانَس كوجينور**، أَنَّ التَّطْبيقَ يَتَكَوَّنُ مِنْ ثَلاثَةِ أَقْسامٍ:التَّعَلُّمُ واللَّعِبُ والْعَمَلُ الأَكاديمِيُّ.

8 وَذَكَرَ أَيْضًا أَنَّ أَقْسامَ التَّعَلُّمِ واللَّعِبِ بَسيطَةٌ وَمُمْتِعَةٌ، بَيْنَما القِسْمُ الأَكاديمِيُّ يُساعِدُ الباحِثينَ والْعُلَماءَ.

أسئلة الفهم Comprehension Questions

1. كَيْفَ احْتَفَلَتْ **غوغِلْ** بِالذِّكْرى السَّنَوِيَّةِ لِاكْتِشافِ حَجَرِ رَشيدٍ؟
2. ما هِيَ تَكْلِفَةُ الِاشْتِراكِ بِمَوْقِعِ **غوغِلْ آرْتِس آنْدْ كالْتْشِر**؟
3. كَمْ عَدَدُ الأَقْسامِ المَوْجودَةِ في التَّطْبيقِ الجَديدِ؟

أسئلة النقاش Discussion Questions

4. ما رَأْيُكَ في التَّطْبيقِ الجَديدِ؟ هَلْ سَتَسْتَخْدِمُهُ؟
5. إذا طَوَّرْتَ تَطْبيقًا، فَماذا سَيَفْعَلُ؟
6. ما هُوَ التَّطْبيقُ الَّذي تَسْتَخْدِمُهُ أَكْثَرَ مِنْ غَيْرِهِ؟
7. هَلْ لُغَتُكَ سَهْلَةٌ أَمْ صَعْبَةٌ؟ ما هِيَ، بِرَأْيِكَ، أَصْعَبُ لُغَةٍ في العالَمِ؟
8. ما هِيَ المَهاراتُ الَّتي تَرْغَبُ في تَعَلُّمِها؟

Expressions and Structures تعابير ومركبات

Try to remember the Arabic expressions and structures from the article. Each English translation is followed by four choices, only one of which is correct. Refer back to the article to check your answers.

1. **the ancient Egyptian language**

اللُّغَةُ قَديمَةٌ لِمِصْرَ — اللُّغَةُ المِصْرِيَّةُ القَديمَةُ

اللُّغَةُ القَديمَةُ العَصْرِيَّةُ — اللُّغَةُ المِصْرِيَّةُ القُدامى

2. **in an easy way**

بِالطَّريقِ السَّهْلِ — بِطَريقَةِ السَّهْلَةِ

بِسُهولَةِ الطَّريقَةِ — بِطَريقَةٍ سَهْلَةٍ

3. **this information can be viewed**

يُمْكِنُ لِهَؤلاءِ المَعْلوماتُ أَنْ تُرى — يُمْكِنُ لِهَذِهِ المَعْلوماتِ أَنْ تُرى

يَكْمُنُ لِهَذِهِ المَعْلوماتِ أَنْ تُرِيَ — يُمْكِنُ لِهَذِهِ العالِماتِ أَنْ تَرى

4. **whereas**

بَيْنَما — بَيْنَ ما

ما بَيْنَ — بَيْنَ أَنْ

Answer Key and Translations

الإجابات و الترجمات

Key Word Answers

language لُغَةٌ • to celebrate اِحْتَفَلَ • anniversary ذِكْرى • discovery اِكْتِشافٌ • app تَطْبيقٌ • to translate تَرْجَمَ • to be seen رُئِيَ • section قِسْمٌ • simple بَسيطٌ • enjoyable, fun مُمْتِعٌ

Translation of the Article

1. **Google Makes Hieroglyphics Translator**
2. The Ancient Egyptian Language, or Hieroglyphs, is a difficult language.
3. But Google celebrated the anniversary of the Rosetta Stone's discovery by making the app Fabricius, which will help scientists read Hieroglyphs.
4. This app will also help more people know more about Egyptian civilization in an easy way.
5. The app is on the free website Google Arts & Culture.
6. The new app translates Hieroglyphs to English and Arabic, and this information can be viewed using virtual reality technology.
7. Director of the Google Arts and Culture program, Chance Coughenour, said that the application consists of three sections, learning, playing, and academic work.
8. He also said that the sections for learning and playing are simple and fun, whereas the academic section helps researchers and scientists.

Translation of the Questions

1. How did Google celebrate the anniversary of the discovery of the Rosetta Stone? 2. How much does the Google Arts and Culture website cost? 3. How many sections are there in the new app? 4. What do you think about the new app? Will you use it? 5. If you made an app, what would it do? 6. What app do you use most? 7. Is your language easy or difficult? What do you think is the most difficult language in the world? 8. What skills would you like to learn?

Answers to Expressions and Structures

1. the ancient Egyptian language اللُّغَةُ المِصْرِيَّةُ القَدِيمَةُ
2. in an easy way بِطَرِيقَةٍ سَهْلَةٍ
3. this information can be viewed يُمْكِنُ لِهَذِهِ المَعْلوماتِ أَنْ تُرى
4. whereas بَيْنَما

Notes

الحشرات قلت بنسبة
27٪ في 30 سنة

في الأعوام الـ30 الماضية، انخفض عدد الحشرات بنسبة 27٪، طبقا لمجلة العلوم (ساينس) العلمية.

ينخفض معدل الحشرات بمعدل أقل بقليل من 1٪ في السنة.

هذا، وينخفض عدد الحشرات في المناطق الزراعية والمدن والضواحي أكثر من أي مكان آخر، خاصة في أجزاء من أمريكا الشمالية وأوروبا.

ولكن بينما تقل الحشرات الأرضية، تزداد الحشرات المائية، مثل البعوض، بمعدل 1٪ سنويا. هذا أسرع من معدل انخفاض الحشرات الأرضية، لكن الحشرات المائية قليلة جدا مقارنة بجميع الحشرات في العالم.

لكن العلماء يرون أن زيادة الحشرات المائية هي علامة جيدة لأن هذا غالبا ما يعني أن الأنهار أصبحت أنظف.

20 Insects Decrease by 27% in 30 Years

Key Words الكلمات

Study the key words and their definitions.

Translations	Definitions	Key Words
______	كائِنٌ صَغيرٌ لَدَيْهِ سِتُّ أَرْجُلٍ	حَشَرَةٌ
______	نِسْبَةٌ	مُعَدَّلُ
______	لَهُ عَلاقَةٌ بِالْأَرْضِ	أَرْضِيٌّ
______	لَهُ عَلاقَةٌ بِالْماءِ	مائِيٌّ
______	مَكانٌ عَلى طَرَفِ مَدينَةٍ	ضاحِيَةٌ (ضَواحٍ)
______	لَهُ عَلاقَةٌ بِالزِّراعَةِ	زِراعِيٌّ
______	بِالنِّسْبَةِ لِ	مُقارَنَةً بِ
______	طَريقٌ مائِيٌّ طَويلٌ مِثْلُ النّيلِ	نَهْرٌ (أَنْهارٌ)
______	الرَّقْمُ الَّذي يَجْعَلُ شَيْئًا أَكْثَرَ	زِيادَةٌ
______	إِشارَةٌ	عَلامَةٌ
______	صارَ	أَصْبَحَ (يُصْبِحُ)

Now match these translations to the key words above. Check your answers in the answer key.

agricultural • aquatic • average, rate • in comparison with • increase • insect • river • sign • suburb • terrestrial • to become

1 الحَشَراتُ قَلَّتِ بِنِسْبَةِ سَبْعٍ وَعِشْرين بِالْمِائَةِ في ثَلاثينَ سَنَةً

2 في الأعْوامِ الثَّلاثينَ الماضِيَةِ، اِنْخَفَضَ عَدَدُ الحَشَراتِ بِنِسْبَةِ سَبْعٍ وَعِشْرينَ بِالْمِائَةِ، طِبْقًا لِمَجَلَّةِ العُلومِ **(سايِنْس)** العِلْمِيَّةِ.

3 يَنْخَفِضُ مُعَدَّلُ الحَشَراتِ بِمُعَدَّلٍ أَقَلَّ بِقَليلٍ مِنْ واحِدٍ بِالْمِائَةِ في السَّنَةِ.

4 هَذا، وَيَنْخَفِضُ عَدَدُ الحَشَراتِ في المَناطِقِ الزِّراعِيَّةِ والْمُدُنِ وَالْضَّواحي أَكْثَرَ مِنْ أَيِّ مَكانٍ آخَرَ، خاصَّةً في أَجْزاءٍ مِنْ أَمْريكا الشَّمالِيَّةِ وَأوروبّا.

5 وَلَكِنْ بَيْنَما تَقِلُّ الحَشَراتُ الأَرْضِيَّةُ، تَزْدادُ الحَشَراتُ المائِيَّةُ، مِثْلُ البَعوضِ، بِمُعَدَّلِ واحِدٍ بِالْمِائَةِ سَنَوِيًّا.

6 هَذا أَسْرَعُ مِنْ مُعَدَّلِ انْخِفاضِ الحَشَراتِ الأَرْضِيَّةِ، لَكِنَّ الحَشَراتِ المائِيَّةَ قَليلَةٌ جِدًّا مُقارَنَةً بِجَميعِ الحَشَراتِ في العالَمِ.

7 لَكِنَّ العُلَماءَ يَرَوْنَ أَنَّ زِيادَةَ الحَشَراتِ المائِيَّةِ هِيَ عَلامَةٌ جَيِّدَةٌ لِأَنَّ هَذا غالِبًا ما يَعْني أَنَّ الأَنْهارَ أَصْبَحَتْ أَنْظَفَ.

أسئلة الفهم Comprehension Questions

1. هَلْ كُلُّ أَنْواعِ الحَشَراتِ في العالَمِ تَقِلُّ؟
2. ما هِيَ دِلالَةُ زِيادَةِ الحَشَراتِ المائِيَّةِ؟
3. ما هِيَ الأَماكِنُ الَّتي تُقِلُّ فيها الحَشَراتُ أَكْثَرَ مِن غَيْرِها؟

أسئلة النقاش Discussion Questions

4. ما رَأْيُكَ في هَذا الخَبَرِ؟
5. هَلْ تُحِبُّ أَيَّ حَشَرَةٍ؟ إذا كانَ الأَمْرُ كَذَلِكَ؛ فَأَيُّ حَشَرَةٍ تُحِبُّها؟ إذا لَمْ يَكُنِ الأَمْرُ كَذَلِكَ، فَلِماذا؟
6. الحَشَراتُ تَحْتَوي على الكَثيرِ مِنَ البُروتين. هَلْ يُمْكِنُ أَنْ تُجَرِّبَ أَكْلَها؟
7. ما السَّبَبُ، في رَأْيِك، أَنَّ الحَشَراتِ تَقِلُّ في المَناطِقِ الزِّراعِيَّةِ والْمُدُنِ وَالضَّواحي؟
8. هَلْ تَعْتَقِدُ أَنَّ كُلَّ البَعوضِ يَجِبُ أَنْ يَموتَ؟

Expressions and Structures تعابير ومركبات

Try to remember the Arabic expressions and structures from the article. Each English translation is followed by four choices, only one of which is correct. Refer back to the article to check your answers.

1. **in the last thirty years**

فِي الثَّلاثِينَ سَنَةً الماضِيَةِ   فِي الثُّلُثَيْنِ سِنِينَ الماضِيَةِ

فِي الثَّلاثِينِيّاتِ سَنَواتِ الماضِيَةِ   فِي الثّالِثِ سَنَةٍ ماضِيَةٍ

2. **according to**

طابِقًا لِ   عَلى طَبَقٍ

مَطابِقٌ لِ   طِبْقًا لِ

3. **a bit less**

أَقَلُّ بِقَلِيلَةٍ   أَقَلَّهُ بِقَلِيلٍ

أَقَلِّيّاتٌ قَلِيلَةٌ   أَقَلَّ بِقَلِيلٍ

4. **most likely, probably**

غُلْبًا   غَلَبَها

غالِبًا   عَلى الأَغْلَبِ

Key Word Answers

insect حَشَرَةٌ • average, rate مُعَدَّلٌ • terrestrial أَرْضِيٌّ • aquatic مائيٌّ • suburb ضاحِيَةٌ • agricultural زِراعِيٌّ • in comparison with بِ مُقارَنَةً • river نَهْرٌ • increase زِيادَةٌ • sign عَلامَةٌ • to become أَصْبَحَ

Translation of the Article

1. **Insects Decrease by 27% in 30 Years**
2. In the last 30 In the last 30 years, insects have decreased [in number] by 27%, according to the scientific journal Science.
3. Insects are decreasing at an average of just a bit less than 1% per year.
4. The number of insects is decreasing in agricultural lands, cities, and suburbs more than any other place, especially in parts of North America and Europe.
5. But whereas terrestrial insects are decreasing, aquatic insects, like mosquitoes, are increasing at 1% per year.
6. This is faster than the rate at which terrestrial insects are decreasing, but aquatic insects are too few in comparison with all of the insects in the world.
7. But scientists say [see] that the increase of aquatic insects is a good sign because this most likely means that rivers have become cleaner.

Translation of the Questions

1. Are all species of insects in the world decreasing? 2. What is the increase of aquatic insects a sign of? 3. What are the places where insects are decreasing the most? 4. What is your opinion of this news? 5. Do you like any insect? If so, which one? If not, why not? 6. Insects have a lot of protein {in them}. Would you try {eating} them? 7. Why do you think insects are decreasing in agricultural areas, cities, and suburbs? 8. Do you think all mosquitoes should die?

Answers to Expressions and Structures

1. in the last thirty years في الثَّلاثينَ سَنَةً الماضِيَةِ
2. according to طِبْقًا لِـ
3. a bit less أَقَلَّ بِقَليلٍ
4. most likely, probably غالِبًا

Notes

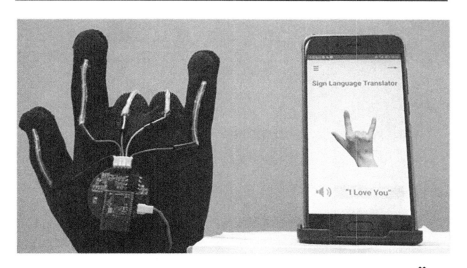

قفازات تترجم لغة الإشارة إلى كلام

صنع باحثون من جامعة كاليفورنيا، لوس أنجلوس، قفازات يمكنها ترجمة لغة الإشارة الأمريكية (ASL) إلى الإنجليزية.

يمكن للقفازات قراءة لغة الإشارة ونقلها إلى تطبيق على الجوال. بعد ذلك، يترجم التطبيق الإشارات إلى كلمات ويقولها باللغة الإنجليزية.

الهدف من هذه القفازات هو أن يستطيع الصم التحدث مع أي شخص بدون مترجم.

تترجم القفازات بشكل صحيح بنسبة 99٪. تقرأ القفازات أيضا تعابير الوجه.

يرى الباحثون الذين صنعوا القفازات أن التقنيات الأخرى الّتي تترجم ASL ثقيلة وغير مريحة، لكن هذه القفازات خفيفة الوزن ومريحة.

طبقا لمنظمة الصحة العالمية، هناك 466 مليون أصم في العالم، ونسبة كبيرة منهم يعتمدون على لغة الإشارة.

21 Gloves Translate Sign Language Into Speech

Key Words الكلمات

Study the key words and their definitions.

Translations	Definitions	Key Words
____________	شَيْءٌ نَرْتَديه في أيادينا	قُفّازاتٌ
____________	لا يَسْتَطيعُ السَّمْعَ	أَصَمٌّ / صَمّاءُ (صُمٌّ)
____________	طَريقَةٌ لِلتَّواصُلِ بِلُغَةِ الجَسَدِ مِنْ أَجْلِ الصُّمِّ	لُغَةُ الإِشارَةِ
____________	حَرَكاتُ الوَجْهِ الَّتي سَبَبُها المَشاعِرُ	تَعابيرُ الوَجْهِ
____________	رَقْمٌ في كُلِّ مائَةٍ	نِسْبَةٌ (نِسَبٌ)
____________	عَكْسُ "ثَقيلٍ"	خَفيفٌ (خَفيفَةٌ)
____________	يُسَبِّبُ الرّاحَةَ	مُريحٌ
____________	اِحْتاجَ شَيْئًا بِشَكْلٍ أَساسِيٍّ	اِعْتَمَدَ (يَعْتَمِدُ) عَلى

Now match these translations to the key words above. Check your answers in the answer key.

comfortable, cozy • deaf • facial expressions • light(weight) • pair of gloves • percentage, ratio • sign language • to depend on

The Article

المقال

1 قُفّازاتٌ تُتَرْجِمُ لُغَةَ الإِشارَةِ إِلى كَلامٍ

2 صَنَعَ باحِثونَ مِنْ جامِعَةِ **كاليفورْنيا، لوسْ أَنْجلوسْ**، قُفّازاتٍ يُمْكِنُها تَرْجَمَةُ لُغَةِ الإِشارَةِ الأَمْريكِيَّةِ (ASL) إِلى الإِنْجليزِيَّةِ.

3 يُمْكِنُ لِلْقُفّازاتِ قِراءَةُ لُغَةِ الإِشارَةِ وَنَقْلُها إِلى تَطْبيقٍ عَلى الجَوّالِ.

4 بَعْدَ ذَلِكَ، يُتَرْجِمُ التَّطْبيقُ الإِشاراتِ إِلى كَلِماتٍ وَيَقولُها بِاللُّغَةِ الإِنْجليزِيَّةِ.

5 الهَدَفُ مِنْ هَذِهِ القُفّازاتِ هُوَ أَنْ يَسْتَطيعُ الصُّمَّ التَّحَدُّثَ مَعَ أَيِّ شَخْصٍ بِدونِ مُتَرْجِمٍ.

6 تُتَرْجِمُ القُفّازاتُ بِشَكْلٍ صَحيحٍ بِنِسْبَةِ تِسْعٍ وَتِسْعينَ بِالْمِائَةِ.

7 تَقْرَأُ القُفّازاتُ أَيْضًا تَعابيرَ الوَجْهِ.

8 يَرى الباحِثونَ الَّذينَ صَنَعوا القُفّازاتِ أَنَّ التِّقْنِيّاتِ الأُخْرى الَّتي تُتَرْجِمُ ASL ثَقيلَةٌ وَغَيْرُ مُريحَةٍ، لَكِنَّ هَذِهِ القُفّازاتِ خَفيفَةُ الوَزْنِ وَمُريحَةٌ.

9 طِبْقًا لِمُنَظَّمَةِ الصِّحَّةِ العالَمِيَّةِ، هُناكَ أَرْبَعُمِائَةٍ وَسِتَّةٌ وَسِتّونَ مِلْيونَ أَصَمٍّ في العالَمِ، وَنِسْبَةٌ كَبيرَةٌ مِنْهُمْ يَعْتَمِدونَ عَلى لُغَةِ الإِشارَةِ.

أسئلة الفهم Comprehension Questions

1. كَمْ عَدَدُ الصُّمِّ في العالَمِ؟
2. ما هُوَ الغَرَضُ مِنْ هَذِهِ القُفّازاتِ؟
3. هَلْ يُمْكِنُ لِلْقُفّازاتِ قِراءَةُ تَعابيرِ الوَجْهِ؟

أسئلة النقاش Discussion Questions

4. ما رَأْيُكَ في هَذِهِ القُفّازاتِ؟
5. هَلْ تَعْتَقِدُ أَنَّ عَدَدَ الصُّمِّ أَصْبَحوا أَكْثَرَ مِنَ الماضي؟ لِماذا تَعْتَقِدُ ذَلِكَ؟
6. هَلْ تَعرِفُ لُغَةَ الإشارَةِ؟ إذا كانَ الأَمْرُ كَذَلِكَ، فَكَيْفَ تَعَلَّمْتَها؟ إذا لَمْ يَكُنِ الأَمْرُكَذَلِكَ، فَهَلْ تَرْغَبُ في ذَلِكَ؟
7. هَلْ تَعْتَقِدُ أَنَّ العالَمَ كُلَّهُ سَيَتَحَدَّثُ يَوْمًا ما لُغَةً واحِدَةً؟ لِماذا؟
8. هَلْ تَسْتَخْدِمُ أَيَّ تَطْبيقاتِ تَرْجَمَةٍ، مِثْلِ **غوغِلْ تْرَنْسْلايْتْ**؟

Expressions and Structures تعابير ومركبات

Try to remember the Arabic expressions and structures from the article. Each English translation is followed by four choices, only one of which is correct. Refer back to the article to check your answers.

1. **American Sign Language**

لُغَةُ الإشارَةِ أَمْريكِيَّةٍ | اللُّغَةُ الإشارِيَّةُ الأَمْريكِيَّةِ

لُغَةُ الإشارَةِ الأَمْريكِيَّةِ | لُغَةُ إِشارَةِ الأَمْريكِيَّةِ

2. **the goal of these gloves**

الهَدَفُ مِنْ هَذِهِ القُفّازاتِ | الهادِفُ مِنْ هَذِهِ القُفّازاتِ

الْهَدَفُ مِنَ القُفّازانِ هَذِهِ | هَذِهِ القُفّازاتُ لها الهَدَفُ

3. **[the gloves] translate correctly**

تُتَرْجَمُ بِشَكْلٍ صاحٍ | تُتَرْجِمُ بِشَكْلٍ صَحيحٍ

تُتَرْجَمُ بِشَكْلٍ صَيْحَةٍ | تُتَرْجَمُ بِشَكْلٍ صِحِّيٍّ

4. **four hundred and sixty-six**

أَرْبَعُمِائَةٍ وَسِتّاتٌ وَسِتّينَ | أَرْبَعُ مِئاتٍ وَسِتَّةٍ وَسِتّينَ

أَرْبَعُمِائَةٍ وَسِتَّةٌ وَسِتّونَ | أَرْبَعَةُ مِائَةٍ وَسِتَّةٍ وَسِتّينَ

Key Word Answers

• لُغَةُ الإشارَة sign language • أَصَمُّ deaf • قُفَّازاتٌ pair of gloves •
نِسْبَةٌ percentage, ratio • تَعابيرُ الوَجْهِ facial expressions
اِعْتَمَدَ to depend on • مُريحٌ comfortable • خَفيفٌ light(weight) •
عَلى

Translation of the Article

1. **Gloves Translate Sign Language Into Speech**
2. {There are} researchers from the University of California, Los Angeles (who) have made gloves that can translate American Sign Language (ASL) to English.
3. The gloves can read sign language and transfer it to an app {on the phone}.
4. The app then translates the signs to words and says them in English.
5. The goal of these gloves is that deaf people can speak with anyone without an interpreter.
6. The gloves translate correctly 99% of the time {with a percentage of 99%}.
7. The gloves also read facial expressions.
8. The researchers who made the gloves say that other technologies that translate ASL are heavy and uncomfortable, but these gloves are lightweight and comfortable.
9. The World Health Organization says that there are 466 million deaf people in the world, and a large percentage of them depend on sign language.

Translation of the Questions

1. How many deaf people are there in the world? 2. What is the purpose of these gloves? 3. Can the gloves read facial expressions? 4. What do you think about these gloves? 5. Do you think there are more deaf people nowadays? Why do you think that? 6. Do you know sign language? If so, how did you learn it? If not, would you like to? 7. Do you think that the whole world could someday speak

the same language? Why? 8. Do you use any translation apps, such as Google Translate?

Answers to Expressions and Structures

1. American Sign Language لُغَةُ الإِشارَةِ الأَمْرِيكِيَّةِ
2. the goal of these gloves الهَدَفُ مِنْ هَذِهِ القُفّازاتِ
3. translate correctly تُتَرْجِمُ بِشَكْلٍ صَحِيحٍ
4. four hundred and sixty-six أَرْبَعُمِائَةٍ وَسِتَّةٌ وَسِتّونَ

Notes

برغر كينغ يغير نظام أكل الأبقار

غير برغر كينغ النظام الغذائي للأبقار في مزارعه ويرى أن هذا سيقلل من انبعاثاتهم اليومية من الميثان بنسبة 33٪

عملت الشركة مع علماء من جامعتين لصنع هذا النظام الغذائي الجديد.

صرحت وكالة حماية البيئة أن أكثر من 9.9٪ من انبعاثات غازات الميثان في الولايات المتحدة كانت من الزراعة في 2018. وأكثر من ربع تلك الانبعاثات كانت من الحيوانات.

قبل سنتين، في عام 2018، صرحت

ماكدونالدز أيضا أنها تتخذ خطوات لتقليل انبعاثات الميثان وأنها غيرت طريقة إنتاج اللحوم في بعض السندويشات.

بدأ برغر كنغ وماكدونالدز أيضا في وضع خيارات الطعام بدون اللحوم على قوائمهم.

كما بدأ برغر كنغ في بيع برغر الواپر الذي ينتج ميثان أقل في عدد صغير من فروعه في أمريكا.

22 Burger King Changes Cows' Diets

Key Words الكلمات

Study the key words and their definitions.

Translations	Definitions	Key Words
	نَوْعُ الأَكْلِ الَّذي يَتَناوَلُه شَخْصٌ أَوْ حَيَوانٌ	نِظامٌ غِذائِيٌّ (نُظُمٌ غِذائِيَّةٌ)
	أَشْهَرُ حَيَوانٍ آكِلِ العُشْبِ، نَأْخُذُ مِنْهُ اللَّحْمَ وَالحَليبَ	بَقَرَةٌ (أَبْقارٌ)
	مَكانٌ كَبيرٌ تُرَبّى فيهِ الحَيَواناتُ	مَزْرَعَةٌ (مَزارِعُ)
	الغازاتُ أَوِ الإِشْعاعاتُ الَّتي تَخْرُجُ مِنْ شَيْءٍ ما	اِنْبِعاثاتٌ
	يَحْصُلُ كُلَّ يَوْمٍ	يَوْمِيٌّ
	هَيْئَةٌ تَقومُ بِفِعْلٍ بِالنِّيابَةِ عَنْ شَخْصٍ أَوْ مَجْموعَةٍ أَوْ شَرِكَةٍ	وِكالَةٌ
	حَرَكَةٌ إِلى الأَمامِ	خُطْوَةٌ (خُطواتٌ)
	نَقَلَ شَيْئًا في أَوْ عَلى مَكانٍ أَوْ شَيْءٍ	وَضَعَ (يَضَعُ)
	مَكانٌ صَغيرٌ يَتْبَعُ مَكانًا كَبيرًا	فَرْعٌ (فُروعٌ)

Now match these translations to the key words above. Check your answers in the answer key.

agency • branch • cow • daily • diet • emissions • farm • step • to put

The Article المقال

1 **بُرْغَرْ كينْغْ** يُغَيِّرُ نِظامَ أَكْلِ الأَبْقارِ

2 غَيَّرَ **بُرْغر كينْغْ** النِّظامَ الغِذائِيَّ لِلْأَبْقارِ في مَزارِعِهِ وَيَرى أَنَّ هَذا سَيُقَلِّلُ مِنَ انبعاثاتِهِم اليَوْمِيَّةِ مِنَ الميثانِ بِنِسْبَةِ ثَلاثٍ وَثَلاثينَ بِالْمِائَةِ

3 عَمِلَتِ الشَّرِكَةُ مَعَ عُلَماءَ مِنْ جامِعَتَيْنِ لِصُنْعِ هَذا النِّظامِ الغِذائِيِّ الجَديدِ.

4 صَرَّحَتْ وكالَةُ حِمايَةِ البيئَةِ أَنَّ أَكْثَرَ مِنْ تِسْعَةٍ فاصِل تِسْعَةٍ بِالْمِائَةِ مِنَ اِنْبِعاثاتِ غازاتِ الميثانِ في الوِلاياتِ المُتَّحِدَةِ كانَتْ مِنَ الزِّراعَةِ في أَلْفَيْنِ وَثَمانِيَةَ عَشَرَ.

5 وَأَكْثَرُ مِنْ رُبْعِ تِلْكَ الانبعاثاتِ كانَتْ مِنَ الحَيَواناتِ.

6 قَبْلَ سَنَتَيْنِ، في عامِ أَلْفَيْنِ وَثَمانِيَةَ عَشَرَ، صَرَّحَتْ **ماكْدونالْدزْ** أَيْضًا أَنَّها تَتَّخِذُ خُطواتٍ لِتَقْليلِ اِنْبِعاثاتِ الميثانِ وَأَنَّها غَيَّرَتْ طَريقَةَ إِنْتاجِ اللُّحومِ في بَعْضِ السَّنْدَويشاتِ.

7 بَدَأَ **بُرْغَرْ كِنْغْ** وَ**ماكْدونالْدزْ** أَيْضًا في وَضْعِ خِياراتِ الطَّعامِ بِدونِ اللُّحومِ عَلى قَوائِمِهِمْ.

8 كَما بَدَأَ بُرْغَرْ كِنْغْ في **بَيْعِ بُرْغَرْ الواپر** الَّذي يُنْتِجُ ميثان أَقَلَّ في عَدَدٍ صَغيرٍ مِنْ فُروعِهِ في أَمْريكا.

أسئلة الفهم Comprehension Questions

1. هَلْ غَيَّرَ **بُرْغِرْ كِنْغْ** النِّظامَ الغِذائِيَّ لِجَميعِ أَبْقارِهِ؟
2. هَلْ جَميعُ انْبِعاثاتِ غازِ الميثانِ في الوِلاياتِ المُتَّحِدَةِ مِنَ الحَيَوانات؟
3. مَتى بَدَأَتْ **ماكْدونالْدْزْ** في اتِّخاذِ خُطواتٍ لِتَقْليلِ اِنْبِعاثاتِ الميثانِ؟

أسئلة النقاش Discussion Questions

4. ما رَأْيُكَ في هَذا الخَبَرِ؟
5. هَلْ تُحِبُّ الوَجَباتِ السَّريعَةَ؟ ما هُوَ طَعامُكَ المُفَضَّلُ؟
6. هَلْ حاوَلْتَ تَغْييرَ نِظامِكَ الغِذائِيَّ مِنْ قَبْلُ؟ لِماذا؟
7. هَلْ تَعْتَقِدُ أَنَّ النّاسَ يَجِبُ أَنْ يَأْكُلوا كَمِّيّاتٍ أَقَلَّ مِنَ اللُّحومِ؟
8. ما هُوَ مَطْبَخُكَ المُفَضَّلُ (البَلَدُ الّذي تُفَضِّلُ طَعامَهُ)؟

Expressions and Structures تعابير ومركبات

Try to remember the Arabic expressions and structures from the article. Each English translation is followed by four choices, only one of which is correct. Refer back to the article to check your answers.

1. **on its farms**

   فِي المَزارِعِهِ   فِي المَزارِعِ مِلْكٌ لَهُ

   فِي مَزارِعِهِ   فِي مَزارِعَ لَدَيْهِ

2. **[the company] worked with scientists**

   عومِلتِ الشَّرِكَةَ مَعَ عُلَماءَ   عَمِلَتِ الشَّرِكَةُ مَعَ عُلَماءَ

   عَمِلَتِ الشَّرِكَةُ مَعَ عُملاءَ   اِسْتَعْملتِ الشَّرِكَةُ مَعَ عُلَماءَ

3. **two years ago**

   قَبْلَ سَنَتَيْنِ   سَنَتَيْنِ قَلْبها

   مِن سَنَتانِ اِثْنَيْنِ   قبْل اِثْنانِ سَنَتَيْنِ

4. **[Burger King] started selling**

   بَدَأَ لِبَيْعِ   بَدَأَ باع

   بَدَأَ فِي بَيْعِ   بَدَأَ بَيّاعٌ

• اِنْبِعَاثاتٌ emissions • مَزْرَعَةٌ farm • بَقَرَةٌ cow • نِظامٌ غِذائِيٌّ diet
فَرْعٌ branch • وَضَعَ to put • خُطْوَةٌ step • وِكالَةٌ agency • يَوْمِيٌّ daily

1. **Burger King Changes Cows' Diets**
2. Burger King Burger King has changed the diet of cows on their farms and says [sees] that this will reduce their daily methane emissions by 33%.
3. The company worked with scientists from two universities to make that new diet.
4. The Environmental Protection Agency says that more than 9.9% of greenhouse gas emissions in the US in 2018 were from agriculture.
5. And more than a quarter of those emissions were from animals.
6. Two years ago, in 2018, McDonald's also said that they were taking steps to reduce methane emissions and that they had changed the method of meat production in some sandwiches.
7. Burger King and McDonald's have also started to put food options without meat on their menus.
8. Burger King also started selling the Reduced Methane Emissions Beef Whopper burger in a small number of their branches in the US.

1. Did Burger King change the diet of all of its cows? 2. Are all methane emissions in the US from animals? 3. When did McDonald's start taking steps to reduce methane emissions? 4. What is your opinion of this news? 5. Do you like fast food? What is your favorite food? 6. Have you tried changing your diet before? Why? 7. Do you think people should eat less meat? 8. What is your favorite cuisine (the country whose food you like best)?

Answers to Expressions and Structures

1. on its farms فِي مَزارِعِهِ
2. worked with scientists عَمِلَتِ الشَّرِكَةُ مَعَ عُلَماءَ
3. two years ago قَبْلَ سَنَتَيْنِ
4. started selling بَدَأَ فِي بَيْعِ

Notes

هل يمكن أن تجرب الكورونا برغر؟

"لدينا نكتة تقول:إذا كنت خائفا من شيء ما، كله!" هذه هي نصيحة هوانغ تونغ، الذي يعمل طباخا في هانوي بفيتنام. بدأ تونغ في بيع البرغر على شكل فيروس كورونا.

يوضع في البرغر لون أخضر طبيعي. يقول تونغ: "نحاول أن نجعل شكل الكورونا برغر هذا يبدو جميلا ولطيفا." تونغ لا يريد أن يشعر الناس بالخوف عندما يتحدثون عن فيروس كورونا.

مطعم تونغ، بيتزا هوم، كان يبيع حوالي

50 سندويتش كورونا برغر في اليوم، وزادت المبيعات بنسبة 5%. اضطرت العديد من المتاجر والشركات في هانوي إلى الإغلاق، لكن بيتزا هوم وغيره من المطاعم ظلت مفتوحة.

يبلغ عدد سكان فيتنام أكثر من خمسة وتسعين مليون نسمة. حتى اليوم (2020/10/18) ليس في فيتنام سوى حوالي 1126 حالة إصابة معروفة بفيروس كورونا.

23 Would You Try the 'Coronaburger'?

Key Words الكلمات

Study the key words and their definitions.

Translations	Definitions	Key Words
________	حِكايَةٌ خَيالِيَّةٌ تُحْكى لِتُضْحِكَ	نُكْتَةٌ (نِكاتٌ)
________	شَيْءٌ يُقالُ لِمُساعَدَةِ شَخْصٍ ما	نَصيحَةٌ (نَصائِحُ)
________	المَبْنِيُّ لِلْمَجْهولِ مِنْ "وَضَعَ"	وُضِعَ (يوضَعُ)
________	بَقِيَ	ظَلَّ (يَظَلُّ)
________	غَيْرُ مُغْلَقٍ	مَفْتوحٌ
________	نَموذَجٌ	حالَةٌ
________	اِسْمُ المَفْعولِ مِنْ "عَرَفَ"	مَعْروفٌ

Now match these translations to the key words above. Check your answers in the answer key.

advice • case • joke • known • open • to be put • to remain

The Article — المقال

1 هَلْ يُمْكِنُ أَنْ تُجَرِّبَ **الكورونا بُرْغَرْ**؟

2 "لَدَيْنا نُكْتَةٌ تَقولُ:إذا كُنْتَ خائِفًا مِنْ شَيْءٍ ما، كُلْهُ"!

3 هَذِهِ هِيَ نَصيحَةُ **هُوانْغ تونْغ**، الَّذي يَعْمَلُ طَبّاخًا فِي **هانوي** بِفيتْنامْ.

4 بَدَأَ **تونْغ** فِي بَيْعِ البُرْغَرِ عَلى شَكْلِ فَيْروسِ كورونا.

5 يوضَعُ فِي البُرْغَرِ لَوْنٌ أَخْضَرُ طَّبيعِيٌّ.

6 يَقولُ **تونْغ**: "نُحاوِلُ أَنْ نَجْعَلَ شَكْلَ **الكورونا بُرْغَرَ** هَذا يَبْدو جَميلًا وَلَطيفًا".

7 تونْغ لا يُريدُ أَنْ يَشْعُرَ النّاسُ بِالْخَوْفِ عِنْدَما يَتَحَدَّثونَ عَنْ فَيْروسِ كورونا.

8 مَطْعَمُ **تونْغ**، **بيتْزا هومْ**، كانَ يَبيعُ حَوالَيْ خَمْسينَ سُنْدويتْشَ **كورونا بُرْغَرْ** فِي اليَوْمِ،

9 وَزادَتِ المَبيعاتُ بِنِسْبَةِ خَمْسٍ بِالْمائَةِ.

10 أُضْطُرَّتِ العَديدُ مِنَ المَتاجِرِ والشَّرِكاتِ فِي **هانوي** إِلى الإِغْلاقِ،

11 لَكِنَّ **بيتْزا هومْ** وَغَيْرَهُ مِنَ المَطاعِمِ ظَلَّتْ مَفْتوحَةً.

12 يَبْلُغُ عَدَدُ سُكّانِ فيتْنامْ أَكْثَرَ مِنْ خَمْسَةٍ وَتِسْعينَ مِلْيونَ نَسَمَةٍ.

13 حَتّى اليَوْمِ، الثّامِنَ عَشَرَ مِنْ شَهْرِ أَكْتوبَرَ، أَلْفَيْنِ وَعِشْرينَ، لَيْسَ فِي فيتْنامْ سِوى حَوالَيْ أَلْفٍ وَمائَةٍ وَسِتٍّ وَعِشْرينَ حالَةَ إِصابَةٍ مَعْروفَةً بِفَيْروسِ كورونا.

أسئلة الفهم Comprehension Questions

1. هَلْ تَقولُ النُّكْتَةُ في فيتْنامْ، "إِذا كُنْتَ خائِفًا مِن شَيْءٍ، فَلا تَأْكُلْهُ؟"
2. كَمْ هُوَ عَدَدُ سُكّانِ فيتْنامْ؟
3. هَلْ يُحاوِلُ **تونْغ** جَعْلَ **كورونا بُرْغَر** يَبْدو سَيِّئًا؟

أسئلة النقاش Discussion Questions

4. ما رَأْيُكَ في كورونا بُرْغَرْ؟
5. ماذا فَعَلْتَ خِلالَ الحَجْرِ الصِّحّيِّ في أَلْفَيْنِ وَعِشْرينَ؟
6. ماذا تَعْرِفُ عَنْ فيتْنامْ؟
7. ما هِيَ أَفْضَلُ نَصيحَةٍ أُهْدِيَتْ إِلَيْكَ؟
8. مَنْ أَفْضَلُ شَخْصٍ في حِكايَةِ النِّكاتِ مِمَّنْ تَعْرِفُهُمْ؟

Expressions and Structures تعابير ومركبات

Try to remember the Arabic expressions and structures from the article. Each English translation is followed by four choices, only one of which is correct. Refer back to the article to check your answers.

1. **in the shape of the coronavirus**

عِنْدَ شَكْلِ فَيْروسِ كورونا	بِشَكْلُ فَيْروسِ كورونا
عَلى شَكْلِ فَيْروسِ كورونا	في شَكْلِ فَيْروسِ كورونا

2. **[he] does not want people to be afraid**

لا يَرُدُّ أَنْ يَشْعُرَ النّاسُ بِالْخَوْفِ	لَمْ يُردُ أَنْ يَشْعُرَ النّاسُ بِالْخَوْفِ
لا يُريدُ أَنْ يَشْعُرَ النّاسُ بِالْخَوْفِ	لَنْ يُريدَ أَنْ يَشْعُرَ النّاسُ بِالْخَوْفِ

3. **[the restaurant sells] fifty burgers a day**

خَمْسينَ سُنْدويتْشَ كورونا البُرْغَرْ في اليَوْمِ	خَمْسينَ سُنْدويتْشَ كورونا بُرْغَرْ في اليَوْمِ
خَمْسينَ سُنْدويتْشَيْنِ كورونا بُرْغَرْ في اليَوْمِ	خَمْسينَ سُنْدويتْشاتِ كورونا بُرْغَرات في اليَوْمِ

4. **there are only...**

لَنْ يوجَدَ سِوى	لا يوجَدُ سِوى
لا يَجِدُ سِوى	لَمْ يوجَدْ سِوى

Answer Key and Translations

الإجابات و الترجمات

Key Word Answers

open • ظَلَّ to remain • وُضِعَ to be put • نَصيحَةٌ advice • نُكْتَةٌ joke
مَفْتوحٌ • known مَعْروفٌ • case حالَةٌ • مَعْروفٌ

Translation of the Article

1. **Would You Try the 'Coronaburger'?**
2. "We have a joke that goes, 'if you're scared of something, eat it!'"
3. This is the advice of Hoang Tung, who works as a cook in Hanoi, Vietnam.
4. Tung started to sell burgers in the shape of the coronavirus.
5. The burger bun {bread} takes {is put to it} a natural green color.
6. "We try to make {the shape of} this Coronaburger look pretty and cute," Tung says.
7. He does not want people to feel scared when they talk about the coronavirus.
8. Tung's restaurant, Pizza Home, has been selling about 50 Coronaburgers per day,
9. and sales have increased by 5%.
10. Many shops and companies in Hanoi had to close,
11. but Pizza Home and other restaurants remained open.
12. The population {number of residents} of Vietnam is more than 95 million.
13. As of today, 10/18/2020, there are in Vietnam only {there aren't in Vietnam but} around 1126 known coronavirus cases.

Translation of the Questions

1. Does the joke in Vietnam go, "If you're afraid of something, don't eat it?" 2. What is the population of Vietnam? 3. Does Tung try to make the Coronaburger look bad? 4. What do you think of the Coronaburger? 5. What did you do during quarantine in 2020? 6. What do you know about Vietnam? 7. What is the best advice you've ever gotten? 8. Who do you know that is the best at telling jokes?

Answers to Expressions and Structures

1. in the shape of the coronavirus في شَكلِ فَيْروسِ كورونا
2. does not want people to be afraid لا يُريدُ أَنْ يَشْعُرَ النّاسُ بِالْخَوْفِ
3. fifty burgers a day خَمْسينَ سُنْدويتْشَ كورونا بُرْغَرْ في اليَوْمِ
4. there are only... لا يوجَدُ سِوى

Notes

دراسة: الأمريكيون الأثرياء ينامون أفضل من الفقراء

وجدت دراسة أمريكية أن الأثرياء ينامون أكثر من الفقراء.

استطلعت الدراسة 140 ألف شخص، ووجدت أنه كلما زاد ثراء الشخص، زادت احتمالية نومه بشكل أفضل.

يبلغ خط الفقر في الولايات المتحدة الآن 12,760 دولارا للشخص سنويا.

وفقا للأرقام الرسمية في الولايات المتحدة، كان 12.3٪ من الأمريكيين يعيشون في فقر عام 2017.

ينصح الأطباء بالنوم 7 ساعات يوميا.

55٪ من الفقراء ينامون سبع ساعات في اليوم.

لم تذكر الدراسة سبب ذلك، لكن قد يكون ذلك لأن الأغنياء يمكنهم النوم في أماكن هادئة، كما يمكنهم الذهاب إلى الطبيب عندما يمرضون.

توصلت دراسات أخرى إلى أن النوم السيء يمكن أن يتسبب في مشاكل صحية مثل السمنة وأمراض القلب والسكري.

24 Study: Rich Americans Sleep Better Than Poor Ones

Key Words الكلمات

Study the key words and their definitions.

Translations	Definitions	Key Words
______	أَدْنى مُسْتَوىً مِنَ الدَّخْلِ يَحْتاجُهُ الإِنْسانُ لِيُلَبِّيَ اِحْتِياجاتِهِ الأَساسِيَّةَ	خَطُّ الفَقْرِ
______	مُعْتَمَدٌ مِنَ الحُكومَةِ	رَسْمِيٌّ
______	أَعْطى نَصيحَةً	نَصَحَ (يَنْصَحُ)
______	إِجابَةٌ عَلى سُؤالِ "لِماذا؟"	سَبَبٌ (أَسْبابٌ)
______	مُشْكِلَةٌ صِحِّيَّةٌ	مَرَضٌ (أَمْراضٌ)
______	تَعَرَّضَ لِمُشْكِلَةٍ صِحِّيَّةٍ	مَرِضَ (يَمْرَضُ)
______	زِيادَةُ الوَزْنِ	السِّمْنَةُ
______	مَرَضٌ يَجْعَلُ مُسْتَوى السُّكَّرِ في الدَّمِ مُرْتَفِعًا	السُّكَّري

Now match these translations to the key words above. Check your answers in the answer key.

diabetes • disease • obesity • official • poverty line • reason • to fall ill • to recommend, advise

The Article — المقال

1 دِراسَةٌ: الأَمْريكِيّونَ الأَثْرِياءُ يَنامونَ أَفْضَلَ مِنَ الفُقَراءِ

2 وَجَدَتْ دِراسَةٌ أَمريكِيَّةٌ أَنَّ الأَثْرِياءَ يَنامونَ أَكْثَرَ مِنَ الفُقَراءِ.

3 اِسْتَطْلَعَتِ الدِّراسَةُ مِائَةً وَأَرْبَعينَ أَلْفَ شَخْصٍ، ووَجَدَتْ أَنَّهُ كُلَّما زادَ ثَراءُ الشَّخْصِ، زادَتِ اِحْتِمالِيَّةُ نَوْمِهِ بِشَكْلٍ أَفْضَلَ.

4 يَبْلُغُ خَطُّ الفَقْرِ فِي الوِلاياتِ المُتَّحِدَةِ الآنَ اثْنَيْ عَشَرَ أَلْفًا وَسَبْعَمِائَةٍ وَسِتّينَ دولارًا لِلشَّخْصِ سَنَوِيًّا.

5 وَفْقًا لِلْأَرْقامِ الرَّسْمِيَّةِ فِي الوِلاياتِ المُتَّحِدَةِ، كانَ اثْنا عَشَرَ فاصِل ثَلاثَةٌ بِالْمِائَةِ مِنَ الأَمْريكِيِّينَ يَعيشونَ فِي فَقْرٍ عامَ أَلْفَيْنِ وَسَبْعَةَ عَشَرَ.

6 يَنْصَحُ الأَطِبّاءُ بِالنَّوْمِ سَبْعَ ساعاتٍ يَوْمِيًّا.

7 خَمْسَةٌ وَخَمْسونَ بِالْمِائَةِ مِنَ الفُقَراءِ يَنامونَ سَبْعَ ساعاتٍ فِي اليَوْمِ.

8 لَمْ تَذْكُرِ الدِّراسَةُ سَبَبَ ذَلِكَ، لَكِنْ قَدْ يَكونُ ذَلِكَ لِأَنَّ الأَغْنياءَ يُمْكِنُهُمْ النَّوْمُ فِي أَماكِنَ هادِئَةٍ، كَما يُمْكِنُهُم الذَّهابُ إِلى الطَّبيبِ عِنْدَما يَمْرَضونَ.

9 تَوَصَّلَتْ دِراساتٌ أُخْرى إِلى أَنَّ النَّوْمَ السَّيِّءَ يُمْكِنُ أَنْ يَتَسَبَّبَ فِي مَشاكِلَ صِحِّيَّةٍ مِثْلِ السِّمْنَةِ وَأَمْراضِ القَلْبِ والسُّكَّرِيِّ.

أسئلة الفهم Comprehension Questions

1. كَمْ عَدَدُ ساعاتِ النَّوْمِ الَّتي يوصِي بِها الأَطِبّاءُ؟
2. ما الَّذي يُمْكِنُ أَنْ تُسَبِّبَهُ قِلَّةُ النَّوْمِ؟
3. كَمْ عَدَدُ الأَشْخاصِ الَّذينَ اسْتِطْلَعَتْ الدِّراسَةُ آراءَهُم؟

أسئلة النقاش Discussion Questions

4. ما رَأْيُكَ في هَذِهِ الدِّراسَةِ؟ لِماذا تَعْتَقِدُ أَنَّ الأَغْنِياءَ يَنامونَ بِشَكْلٍ أَفْضَلَ؟
5. كَمْ ساعَةً تَنامُ في اليَوْمِ؟ هَلْ تَنامُ في عُطْلَةِ نِهايَةِ الأُسْبوعِ أَكْثَرَ مِنْ أَيّامِ العَمَلِ؟
6. هَلْ تَخْتَلِفُ عاداتُ نَوْمِكَ الآنَ عَمّا كانَتْ عَلَيْهِ مِنْ قَبلُ؟
7. في ظَنِّكَ، ما هِيَ نِسْبَةُ الفُقَراءِ في بَلَدِكَ؟
8. هَلْ تَعْتَقِدُ أَنَّ كُلَّ شَخْصٍ في العالَمِ يُمْكِنُ أَنْ يَكونَ غَنِيًّا؟ لِماذا؟

Expressions and Structures تعابير ومركبات

Try to remember the Arabic expressions and structures from the article. Each English translation is followed by four choices, only one of which is correct. Refer back to the article to check your answers.

1. **a study found that...**

   دِراسَةٌ وُجِدَتْ إنَّ — وَجَدَتْ دِراسَةٌ أَنَّ

   وَجَدَتْ دارِسَةٌ أَنَّ — وَجَدَتْ أَنَّ دِراسَةٌ

2. **per capita annually**

   بِالشَّخْصِ في السَّنَةِ — في الشَّخْصِ سَنَةً

   عَلى الشَّخْصِ سَنَوِيًّا — لِلشَّخْصِ سَنَوِيًّا

3. **it may be because...**

   لَقَدْ يَكونُ ذَلِكَ — قَدْ يَكونُ ذَلِكَ لِأَنَّ

   يُمْكِنُ أَنْ يَكونُ ذَلِكَ بِأَنَّ — لَعَلَّ تَكونُ ذَلِكَ لِأَنَّ

4. **poor(-quality) sleep**

   النَّوْمُ السَّيِّءُ — نَوْمُ السّوءِ

   النَّوْمَ سَيِّءٌ — ساءَ النَّوْمُ

poverty line خَطُّ الفَقْرِ • official رَسْمِيٌّ • to recommend, advise نَصَحَ • reason سَبَبٌ • disease مَرَضٌ • to fall ill مَرِضَ • obesity السُّكَّري diabetes • السِّمْنَةُ

Translation of the Article

1. **Study: Rich Americans Sleep Better Than Poor Ones**
2. An American study found that rich Americans sleep more than the poor ones.
3. The study surveyed 140,000 people and found that the richer a person becomes, the more likely they are to sleep better.
4. The poverty line in the US is now $12,760 per capita a year.
5. According to the official numbers in the US, 12.3% of Americans were living in poverty in 2017.
6. Doctors recommend sleeping seven hours per day.
7. Fifty-five percent of poor people sleep seven hours per day.
8. The study did not say what the reason for this is, but it may be because the rich can sleep in quiet places and go to the doctor when they fall ill.
9. Other studies have found that poor-quality {bad} sleep can cause health problems like obesity, heart disease{s}, and diabetes.

Translation of the Questions

1. How many hours of sleep do doctors recommend? 2. What can poor {bad} sleep cause? 3. How many people did the study survey? 4. What do you think of this study? Why do you think the rich sleep better? 5. How many hours do you sleep a night {a day}? Do you sleep more on weekends than on work days? 6. Are your sleep habits different now than they used to be? 7. What do you think is the percentage of poor people in your country? 8. Do you think everyone in the world could be rich? Why?

Answers to Expressions and Structures

1. a study found that... وَجَدَتْ دِراسَةٌ أَنَّ
2. per capita annually لِلشَّخْصِ سَنَوِيًّا
3. it may be because... قَدْ يَكونُ ذَلِكَ لِأَنَّ
4. poor(-quality) sleep النَّوْمُ السَّيِّءُ

Notes

الحر الشديد والجفاف يزيدان الحرائق الطبيعية في كاليفورنيا

تشتعل العديد من حرائق الغابات حاليا في كاليفورنيا. الحرارة الشديدة والرياح القوية والجفاف يزيدون الطين بلة.

اثنتين من أكبر ثلاث حرائق غابات في تاريخ الولاية تشتعلان حاليا، و14 ألفا من رجال الإطفاء يكافحون هذه الحرائق.

عادة ما يكون سبتمبر وأكتوبر موسم حرائق الغابات. لكن هذا العام، سجل رقم قياسي جديد؛ حيث احترق حوالي 8 آلاف كيلومتر مربع.

طبقا للمسؤولين، فإن سبب حرائق الغابات هو خطوط الكهرباء والرياح القوية والجفاف. لذلك، ولتجنب حرائق جديدة، قطعت الكهرباء عن أكثر من 170 ألف منزل في الولاية.

بعض الخبراء يرون أن الوضع خطير للغاية ويجب أن يؤخذ على محمل الجد.

تعرضت كاليفورنيا لموجة حر قوية خلال عطلة عيد العمال، حيث وصلت درجة الحرارة إلى 38° في العديد من الأماكن بالولاية.

هذا، وقد تعرضت أماكن أخرى في الولايات المتحدة أيضا لتغيرات في المناخ، مثل دنفر، كولورادو.

25

Extreme Heat, Dry Weather Increase Wildfires in California

Key Words الكلمات

Study the key words and their definitions.

Translations	Definitions	Key Words
	قَوِيٌّ	شَديدٌ (أَشِدّاءُ)
	عَكسُ "رُطوبَةٍ"	جَفافٌ
	جَعَلَ الأُمورَ أَسْوَأَ	زادَ الطّينَ بَلَّةً
	أَصْبَحَتْ فيهِ نارٌ	اِشْتَعَلَ (يَشْتَعِلُ)
	الآنَ	حالِيًّا
	حارَبَ	كافَحَ (يُكافِحُ)
	أَنْ تَفْعَلَ أَوْ لا تَفْعَلَ شَيْئًا لِكَيْ لا يَحْصُلَ شَيْءٌ آخَرَ	تَجَنُّبٌ
	المَبْنِيُّ لِلْمَجْهولِ مِنْ "قَطَعَ"	قُطِعَ (يُقْطَعُ)
	قَوِيٌّ	شَديدٌ (أَشِدّاءُ)

Now match these translations to the key words above. Check your answers in the answer key.

avoidance • currently • dry weather {dryness} • extreme • strong • to battle, fight • to be cut • to burn (intransitive) • to make things worse {add wetness to mud}

1 الحَرُّ الشَّديدُ وَالْجَفافُ يَزيدانِ الحَرائِقَ الطَّبيعِيَّةَ في **كاليفورْنِيا**

2 تَشْتَعِلُ العَديدُ مِنْ حَرائِقِ الغاباتِ حالِيًّا في **كاليفورْنِيا**.

3 الحَرارَةُ الشَّديدَةُ والرِّياحُ القَوِيَّةُ والْجَفافُ يَزيدونَ الطِّينَ بِلَّةً.

4 اِثْنَتَيْنِ مِنْ أَكْبَرِ ثَلاثِ حَرائِقِ غاباتٍ في تاريخِ الوِلايَةِ تَشْتَعِلانِ حالِيًّا،

5 وأَرْبَعَةَ عَشَرَ أَلْفًا مِنْ رِجالِ الإِطْفاءِ يُكافِحونَ هَذِهِ الحَرائِقَ.

6 عادَةً ما يَكونُ سِبْتَمْبَرُ وَأُكْتوبَرُ مَوْسِمَ حَرائِقِ الغاباتِ.

7 لَكِنْ هَذا العامَ، سُجِّلَ رَقْمٌ قِياسِيٌّ جَديدٌ؛ حَيْثُ اِحْتَرَقَ حوالَيْ ثَمانيةِ آلافِ كيلومِتْرٍ مُرَبَّعٍ.

8 طِبْقًا لِلْمَسْؤولينَ، فَإِنَّ سَبَبَ حَرائِقِ الغاباتِ هُوَ خُطوطُ الكَهْرَباءِ والرِّياحُ القَوِيَّةُ والْجَفافُ.

9 لِذَلِكَ، وَلِتَجَنُّبِ حَرائِقَ جَديدَةً، قُطِعَت الكَهْرَباءُ عَنْ أَكْثَرَ مِنْ مِائَةٍ وَسَبْعينَ أَلْفَ مَنْزِلٍ في الوِلايَةِ.

10 بَعْضُ الخُبَراءِ يَرَوْنَ أَنَّ الوَضْعَ خَطيرٌ لِلْغايَةِ وَيَجِبُ أَنْ يُؤْخَذَ عَلى مَحْمَلِ الجِدِّ.

11 تَعَرَّضَتْ **كاليفورْنِيا** لِمَوْجَةِ حَرٍّ قَوِيَّةٍ خِلالَ عُطْلَةِ عيدِ العُمّالِ،

12 حَيْثُ وَصَلَتْ دَرَجَةُ الحَرارَةِ إِلى ثَمانٍ وَثَلاثينَ دَرَجَةً مِئوِيَّةً في العَديدِ مِنَ الأَماكِنِ بِالْوِلايَةِ.

13 هَذا، وقَدْ تَعَرَّضَتْ أَماكِنُ أُخْرى في الوِلاياتِ المُتَّحِدَةِ أَيْضًا لِتَغَيُّراتٍ في المُناخِ، مِثْلُ **دِنْفَر**، **كولورادو**.

أسئلة الفهم Comprehension Questions

1. ما سَبَبُ زِيادَةِ حَرائِقِ الغاباتِ في **كاليفورْنِيا**؟
2. هَلْ قُطِعَتْ المِياهُ لِتَجَنُّبِ حَرائِقِ غاباتِ جَديدَةٍ؟
3. في الوِلاياتِ المُتَّحِدَةِ، تَغَيَّرَ المُناخُ في وِلايَةِ **كاليفورْنِيا** فَقَطْ. صَحيحٌ أَمْ خَطَأٌ؟

أسئلة النقاش Discussion Questions

4. ما رَأْيُكَ في الوَضْعِ في **كاليفورْنِيا**؟
5. ما هِيَ التَّحَدِّياتُ الَّتي تَعْتَقِدُ أَنَّ رِجالَ الإِطْفاءِ يواجِهونَها؟
6. هَلْ توجَدُ حَرائِقُ غاباتٍ في بَلَدِكَ؟ ما هُوَ السَّبَبُ، في رَأْيِكَ؟
7. إِذا كُنْتَ حاكِمَ وِلايَةِ **كاليفورْنِيا**، فَماذا سَتَفْعَلُ لِحَلِّ مُشْكِلَةِ زِيادَةِ حَرائِقِ الغاباتِ؟
8. إِذا كُنْتَ سَتَعيشُ في الوِلاياتِ المُتَّحِدَةِ، فَأَيْنَ تَخْتارُ العَيْشَ؟ ولِماذا؟

Expressions and Structures تعابير ومركبات

Try to remember the Arabic expressions and structures from the article. Each English translation is followed by four choices, only one of which is correct. Refer back to the article to check your answers.

1. **two of the three biggest fires**

اِثْنانِ مِنْ أَكْبَرِ ثَلاثِ حَريقٍ	اِثْنانِ مِنْ كِبارِ ثَلاثِ حَرائِقِ
اِثْنَتَيْنِ مِنْ أَكْبَرِ ثَلاثِ حَرائِقَ	اِثْنانِ مِنْ أَكْبَرِ ثَلاثَةِ حَرائِقِ

2. **this year**

مِنْ هَذا العامِ	بِهَذا العَوْمِ
مِنْ خِلالِ العامِ	هَذا العامُ

3. **needs to be taken seriously**

يَجِبُ أَنْ يُؤْخَذانِ جِدِّيًّا	يَجِبُ أَنْ يُؤْخَذَ تَحْتَ الجِدِّ
يَجِبُ أَنْ يُؤْخَذَ جِدًّا	يَجِبُ أَنْ يُؤْخَذَ عَلى مَحْمَلِ الجِدِّ

4. **other places**

أَماكِنُ أُخْرى	أَماكِنُ أُخْرَياتٌ
مَكانٌ أُخارى	أَماكِنُ مُتَخَلِّفَةٌ

Answer Key and Translations

الإجابات والترجمات

Key Word Answers

extreme شَديدٌ • dry weather جَفافٌ • to make things worse زادَ الطّينَ بَلَّةً • to burn اِشْتَعَلَ • currently حالِيًّا • to battle, fight كافَحَ • avoidance تَجَنُّبٌ • to be cut قُطِعَ

Translation of the Article

1. **Extreme Heat, Dry Weather Increase Wildfires in California**
2. Many wildfires are burning now in California.
3. The extreme heat, strong wind, and dry weather make things worse.
4. Two of the three biggest wildfires in the state's history are currently burning,
5. and 14,000 firefighters are battling these wildfires.
6. September and October are usually wildfire season.
7. But this year, a new record was recorded:around 8,000 square kilometers have burned.
8. Officials say that the cause of the wildfires are electricity lines, strong wind, and the dry weather {dryness}.
9. So, to avoid new wildfires, electricity was cut from more than 170,000 homes in the state.
10. Some experts say that the situation is so dangerous and has to be taken seriously.
11. California faced a strong heatwave during the Labor Day holiday;
12. as the temperature has reached 38°C in many places in the state.
13. Other places in the US also faced changes in the climate, such as Denver, Colorado.

Translation of the Questions

1. What is the reason for the increase in wildfires in California? 2. Was water [supply] cut to avoid new wildfires? 3. In the US, the climate has changed in California only. True or false? 4. What do you think about the situation in California? 5. What challenges do you think firefighters {firemen} face? 6. Are there wildfires in

your country? What do you think is the reason? 7. If you were the governor of California, what would you do to solve the problem of the increase in wildfires? 8. If you are going to live in the US, where would you choose to live? And why?

Answers to Expressions and Structures

1. two of the three biggest fires اِثْنَتَيْنِ مِنْ أَكْبَرِ ثَلاثِ حَرائِق
2. this year هَذا العامُ
3. needs to be taken seriously يَجِبُ أَنْ يُؤْخَذَ عَلى مَحْمَلِ الجِدِّ
4. other places أَماكِنُ أُخْرى

Notes

Printed in Great Britain
by Amazon

36216143R00116